DU POSTLIMINIUM

EN DROIT ROMAIN

DE L'EXTRADITION

EN DROIT CRIMINEL INTERNATIONAL

PAR

Paul PUGET

AVOCAT A LA COUR D'APPEL

VERSAILLES

CERF ET FILS, IMPRIMEURS-ÉDITEURS

9, RUE DUPLESSIS, 9

1877

THÈSE POUR LE DOCTORAT

DU POSTLIMINIUM
EN DROIT ROMAIN

DE L'EXTRADITION
EN DROIT CRIMINEL INTERNATIONAL

THÈSE POUR LE DOCTORAT

PAR

PAUL PUGET

AVOCAT A LA COUR D'APPEL

L'ACTE PUBLIC SUR LES MATIÈRES CI-APRÈS SERA SOUTENU
Le Mercredi 21 Novembre 1877, à une heure

Président : M. LEVEILLÉ, Professeur.

Suffragants :
MM. VALETTE,
LABBÉ,
BEUDANT,
GARSONNET,
RENAULT,

Professeurs,

Agrégés.

VERSAILLES
CERF ET FILS, IMPRIMEURS-ÉDITEURS
59, RUE DUPLESSIS, 59

1877

A MON PÈRE

A MA MÈRE

DROIT ROMAIN

DE CAPTIVIS ET POSTLIMINIO REVERSIS ET REDEMPTIS
AB HOSTIBUS

(Dig., l. XLIX, t. 15.)

INTRODUCTION.

La liberté, la cité, la famille, tels sont à Rome les trois éléments constitutifs de la capacité.

I. — Tous les hommes sont libres ou esclaves (*Instit.*, l. I, t. III, princ.); telle est la division fondamentale en ce qui concerne la condition juridique des personnes. Justinien donne de la liberté une définition bien peu libérale : « C'est, dit-il, la faculté naturelle à chacun de faire ce qui lui plaît, à moins que la force ou la loi ne s'y opposent. » Quant à l'esclavage, il le définit : « une institution du droit des gens d'après laquelle, contre la loi naturelle, une personne est soumise à la propriété d'une autre. » Ainsi l'esclavage est du droit des gens, d'après Justinien : il est étrange de voir comment les idées les plus naturelles ont eu de peine à se faire jour dans l'humanité. C'est déjà un progrès remarquable de la part de Justinien de dire que l'esclavage est contraire au droit naturel.

II. — Les personnes libres se divisent en *cives romani* et *non cives romani*, cette dernière expression générale comprenant plusieurs catégories d'individus. Les citoyens se subdivisent eux-mêmes en citoyens *optimo jure* et citoyens *non optimo jure*. Les premiers ont quatre avantages principaux :

1° Le *jus honorum*, c'est-à-dire l'aptitude aux magistratures ;

2° Le *jus suffragii*, c'est-à-dire la participation aux délibérations dans les comices ;

3° Le *jus connubii*, c'est-à-dire le droit de contracter un mariage conforme au droit civil, de constituer une famille reconnue par ce droit civil, d'avoir la puissance paternelle, d'être agnat et comme conséquence de pouvoir succéder *ab intestat* ;

4° Le *jus commercii*, c'est-à-dire le droit d'acquérir la propriété d'une chose conformément au droit civil, de disposer par testament.

On naît citoyen ou on le devient. La qualité de citoyen se transmet avec le sang des parents aux enfants ; on peut aussi le devenir par un acte ayant force de loi : sous la République, par une décision du peuple, du sénat ou d'un magistrat ; sous l'Empire, par une constitution impériale, par la volonté du prince. La concession peut être individuelle ou comprendre une collection d'individus. Quand elle est individuelle, elle ne s'applique qu'à celui qui l'obtient : il faut une mention spéciale pour qu'elle s'étende à sa femme et à ses enfants (Gaïus, C. 1, § 94). Cela répond à notre naturalisation.

À la fin de la République, l'État romain se compose de populations qui sont dans des situations juridiques très-inégales : au premier rang sont les citoyens *optimo jure* ; puis viennent des citoyens qui n'ont pas les droits politiques, *cives sine suffragio*, mais qui ont le *jus connubii* et le *jus commercii* ; au-dessous sont les Latins qui ont le *jus commercii*, mais non le *jus connubii* ; après les Latins sont les pérégrins, qui jouissent d'une certaine indépendance locale et qui ont conservé leurs lois civiles ; en dernier lieu enfin viennent les *dedititii* : ce sont des peuples vaincus qui se sont rendus à discrétion, sans traités qui règlent leurs rapports avec Rome ; ils sont sous la domination des magistrats romains et n'ont aucune indépendance. C'est par ces inégalités que Rome voulait maintenir tous ces peuples sous sa domination, en créant entre eux une sorte d'antagonisme, et en leur faisant espérer d'arriver un jour jusqu'à la cité romaine ; chacun d'eux avait ainsi un stimulant au dévouement envers Rome (Cicéron, *Pro Balbo*, chap. 13).

Ce titre de citoyen, dont les Romains étaient si jaloux sous la République, se répandit peu à peu par des concessions successives. D'abord, après la seconde défaite des Latins, les peuples du Latium obtinrent la qualité de citoyens (Tite-Live, l. VIII, chap. 14). Aux VIe et VIIe siècles, les Italiens qui aidaient Rome à s'agrandir demandèrent à partager les avantages de la cité romaine ; Rome résista et la guerre sociale éclata ; elle eut pour résultat la concession de la cité romaine d'abord aux Italiens qui n'avaient pas pris les armes, à tous ensuite (Loi Julia en 664 — Loi Plautia en 665). Sous l'Empire, diverses concessions furent faites à plusieurs provinces; les empereurs se montraient d'autant plus disposés à accorder le droit de cité que cette concession ne s'obtenait pas sans payer un droit au fisc. Enfin Caracalla donna par une constitution le droit de cité à tous les habitants actuels de l'Empire (Loi 17, D. 1. 1, t. V).

En dehors des frontières de l'empire sont les Barbares. Le principe, c'est qu'à leur égard il n'y a pas de règles de droit à observer, et si en fait les Romains, entraînés par le désir de s'enrichir, trafiquent avec eux, il n'y a aucune règle de droit à invoquer pour régler ces rapports.

III. — Le troisième élément constitutif de l'état des personnes est la famille. On appelle ainsi l'ensemble des personnes placées sous la puissance d'un seul. Cette personne unique, qui a le gouvernement des autres, c'est le *paterfamilias* : seul il est *sui juris*, c'est-à-dire ne relève que de lui-même ; tous les autres membres de la famille sont *alieni juris*, c'est-à-dire dépendent du droit d'autrui. La famille romaine diffère essentiellement de la famille moderne : elle est *exclusive*, c'est-à-dire que la même personne ne peut appartenir à deux familles à la fois. Dans l'ordre politique, chaque famille constitue une personnalité unique, vit à part, se gouverne à sa manière ; c'est un petit état dans l'État, et c'est probablement par une confédération de familles que Rome s'est formée. La famille forme aussi un groupe religieux : chacune a ses dieux propres ; c'est le *paterfamilias* qui exerce le pouvoir religieux ; c'est un souverain pontife. Enfin la famille forme une unité civile ; il est impossible qu'il y ait diversité d'intérêts entre les personnes qui composent la même famille ; elles ne peuvent avoir qu'un même patrimoine, et le propriétaire de ce patrimoine unique, c'est le *paterfamilias*. La puissance de ce *paterfamilias* s'appelle *potestas* quand elle s'exerce sur les enfants, *manus* quand elle s'exerce sur la femme, *mancipium* quand elle s'exerce sur les enfants d'autrui. Dans la famille moderne, les droits comme les devoirs sont réciproques ; dans la famille romaine, l'un a tout pour lui, les autres rien ; tout ce que les membres de la famille acquièrent est pour le *paterfamilias*.

Tous les droits du citoyen peuvent donc se réduire à trois : *libertas, civitas, familia*. Réunis, ils forment ce qu'on appelle *status, caput* ; que l'un vienne à disparaître, et la personnalité est détruite ; il y a ce que les Romains appellent *capitis minutio*. Ils distinguent la *capitis minutio maxima* qui a lieu quand on perd la liberté, et en même temps la cité et la famille, la *capitis minutio media* qui atteint celui qui perd la cité en conservant sa liberté, et la *capitis minutio minima* qui est encourue toutes les fois qu'il y a un changement de famille. L'effet de la *capitis minutio* est toujours le même : comme c'est une mort civile, elle doit ressembler jusqu'à un certain point à la mort naturelle, c'est-à-dire que tous les droits qui sont détruits par la mort naturelle doivent être détruits aussi par la *capitis minutio*. Ce sont d'abord les droits de famille, la *patria potestas*, l'agnation ; il n'y a plus ni succession, ni tutelle légitime ; le droit de patronage est anéanti ; quelques-uns des droits pécuniaires s'éteignent aussi, par exemple le droit d'usufruit, le contrat de société. La *capitis minutio* produit des effets plus étendus encore que la mort naturelle : celui qui meurt naturellement est censé se survivre à lui-même par son testament ; au contraire, le *capite minutus* ne se survit pas à lui-même : le testament qu'il a fait est nul. Mais les Romains apportèrent peu à peu quelques tempéraments à la rigueur exagérée de ce droit, et, sous Justinien, la *capitis minutio minima* n'entraîne plus la perte des droits de famille, parce qu'alors la famille consiste non pas dans l'agnation, mais dans la cognation. De même elle n'éteint plus les droits d'usufruit ou d'usage, et le testament du *capite minutus* conserve son effet grâce à la *bonorum possessio* qu'accorde le préteur. Aussi peut-on dire que dans le dernier état du droit la *minima capitis minutio* n'a plus guère la valeur que d'un souvenir historique.

Un citoyen romain peut devenir esclave et encourir ainsi la *maxima capitis minutio*, soit en vertu du droit des gens, soit en vertu du droit civil. En vertu du droit des gens lorsqu'il est fait prisonnier : « *Servi fiunt jure gentium, id est, ex captivitate* » *Instit.*, I. I. t. III, § 4. Nous sommes ainsi amenés à parler des captifs et à étudier les incapacités dont ils sont frappés. Nous examinerons ensuite les tempéraments apportés aux rigoureuses conséquences de la captivité ; nous voulons parler de la fiction du *Postliminium* et de celle de la loi *Cornelia*.

DU CAPTIF ET DES EFFETS DE LA CAPTIVITÉ.

1. — Le *captif*, c'est le prisonnier de guerre, c'est le citoyen romain pris par les ennemis les armes à la main sur le champ de bataille. Tous les peuples connus des Romains admettaient que les prisonniers faits à la guerre pouvaient être réduits en servitude : il y a là une règle qui n'est pas propre au droit romain et qui appartient au *jus gentium*, car la législation romaine reconnaît que la captivité rend tout aussi bien un Romain esclave des étrangers, qu'un étranger esclave des Romains. À mesure que les besoins sociaux s'accrurent à Rome, que les arts mécaniques se multiplièrent, la nécessité d'augmenter le nombre des esclaves qui les exerçaient se fit sentir plus impérieusement. Aussi le nombre des soldats captifs emmenés comme esclaves devint de plus en plus considérable. Les historiens rapportent que Fabius Cunctator en envoya 30,000 de la seule ville de Tarente, et Paul-Émile 150,000 de l'Épire. Ce fut bien pis encore aux derniers jours de la République, sous Marius, Sylla, Pompée, César et Octave. Le droit du plus fort règne en souverain, et, même pendant la paix, le citoyen romain dont s'emparent les peuples avec lesquels Rome n'a aucun traité d'alliance devient légalement esclave (Loi 5, § 2, D., *De Captiv.*, l. XLIX, t. 15.)

Cette hypothèse exceptionnelle écartée, à quelles conditions l'esclavage peut-il résulter légitimement de *captivitate?* À deux conditions :

1° Il faut que le captif ait été pris dans une guerre de nation à nation ;

2° Que cette guerre ait été l'objet d'une déclaration régulièrement faite ou reçue par les Romains. Tite-Live (l. 1, ch. 32) nous montre à quel point les Romains poussaient la minutie et le formalisme dans ces déclarations de guerre et nous indique à quelles conditions seulement il y avait *justum bellum*.

Il fallait donc que le Romain eût été pris par l'ennemi, *hostis*, dans le véritable sens du mot : « *Quos nos hostes appellamus, eos veteres perduelles appellabant, per eam adjectionem indicantes cum quibus bellum esset.* » (Loi 234, D., *De Verb. signif.*, l. L, t. 16.) Cette dénomination d'*hostis* doit-elle être restreinte aux peuples « *quibus bellum publice romanus populus decrevit, vel ipsi populo romano* », ou bien doit-on le prendre dans le sens beaucoup plus large que lui donnait la loi des Douze Tables en disant : « *Adversus hostem æterna auctoritas esto* », ce qui comprenait non-seulement ceux avec lesquels Rome était en guerre ouverte, mais encore tous ceux avec qui elle n'avait pas conclu de traité d'alliance ou d'amitié ? Nous croyons, en nous appuyant sur la loi 5, § 2 (D., *De Captiv.*) que cette dernière acception est préférable. Si ces peuples ne sont pas à proprement parler des *hostes* dans le sens rigoureux du mot, du moins les prisonniers faits par eux sont-ils traités absolument de la même façon que les prisonniers des *hostes*. Aussi peut-on sans inconvénient comprendre ces peuples sous la dénomination générale d'*ennemis*.

Mais ceux-là seuls dont nous venons de parler ont le droit de faire des prisonniers ; ainsi pris par des pirates ou des voleurs, le citoyen romain reste libre en droit : « *A piratis aut latronibus capti, liberi permanent* » (loi 19, § 2, et loi 21, D., *De Captiv.*). Il est assimilé à l'absent : or l'absent est celui qui ne se trouve ni dans la ville, ni sur le territoire de la ville où sa présence est requise, et le captif n'est pas traité comme un simple absent (Loi 199, loi 173, § 1, D., *De Verb. signif.*, l. L, t. 16.) Il en est de même des prisonniers qui, dans les guerres civiles, tombent au pouvoir du parti contre lequel ils combattent (Loi 21, § 1, D., *De Captiv.*). Ils demeurent citoyens et conservent tous leurs droits.

Paul (Loi 19, princ., eod. tit.) nous dit qu'il peut y avoir guerre entre les Romains et les peuples libres et les rois. Proculus (Loi 7, § 1, eod. tit.) appelle peuple libre celui qui n'est soumis à la puissance d'aucun autre peuple, qui ayant fait un traité d'alliance avec un autre peuple, a traité d'égal à égal, ou s'est engagé à ne rien faire qui pût compromettre la majesté de cet autre peuple; cette clause n'intervient, en effet, que pour établir la supériorité de celui-ci, et non pas pour priver de sa liberté celui qui traite avec lui. Leurs rapports sont alors analogues à ceux qui existent entre les Romains et leurs clients; ceux-ci, en effet, bien qu'inférieurs à leurs patrons en autorité et en dignité, demeurent toujours libres. De même on doit regarder comme libres les peuples qui se font un devoir de défendre la majesté romaine.

Cicéron (*De Orat.*, l. XL) nous apprend qu'autrefois on n'était pas d'accord sur la question de savoir si entre ces peuples fédérés et libres et les Romains il y avait lieu au *Postliminium* : « *Si quis apud nos ser-*

visset ex populo fœderato seseque liberasset, ac postea domum revenisset, quæsitum est apud majores nostros num is ad suos Postliminio rediisset? » Le jurisconsulte Paul (Loi 10, princ., D., *De Captiv.*) résout la question affirmativement. Proculus est d'un avis contraire (Loi 7, princ., eod. tit.) : « *Non dubito quin fœderati et liberi nobis externi sint; non inter nos atque eos Postliminium esse.* » Comment concilier ces opinions divergentes? Selon Pothier, l'ancienne controverse qui existait du temps de Cicéron se serait ranimée, et ce serait l'avis de Proculus qui aurait prévalu. D'après Cujas, au contraire, il faudrait distinguer plusieurs catégories de traités; alors les opinions de Paul et de Proculus cesseraient d'être contradictoires; elles s'appliqueraient simplement à des hypothèses différentes. L'explication de Pothier, plus simple et plus naturelle, nous semble préférable.

Nous savons maintenant quel est le captif; voyons sommairement quels sont les effets de la captivité.

II. — Dans l'antiquité, le prisonnier de guerre devenait la propriété, la chose du vainqueur qui pouvait en disposer à son gré; situation nettement caractérisée par les dispositions des lois romaines, qui mettaient l'esclave au nombre des choses *mancipi*, sur lesquelles existait le droit de propriété le plus complet et le plus absolu. L'esclave n'avait plus de personnalité civile, ne pouvant acquérir et posséder que pour son maître, étant par lui-même d'une incapacité absolue, *sine capite*, il était complètement annihilé et ne comptait pour rien dans la société. Aussi chaque soldat combattait non-seulement pour sa patrie, mais pour ses biens, ses droits, sa liberté. Vaincre ou mourir, telle était l'alternative que Rome imposait à ses enfants; n'était-ce pas là un puissant stimulant, une source féconde de traits d'héroïsme et d'éclatantes victoires ?

Cependant le citoyen tombé au pouvoir des ennemis n'était pas dans sa patrie considéré définitivement comme esclave; son état se trouvait soumis à une véritable condition suspensive, la condition de son retour. En attendant, tous ses droits étaient suspendus : « *Omnia jura civitatis in personam ejus in suspenso retinentur, non abrumpantur* » (Loi 12, § 1, D., *De Hered. Instituend.*, l. XXVIII, t. 5). On peut résumer ainsi sa condition :

1° Tout ce qui consiste en droits, *omnia quæ in jure consistunt*, est en suspens et lui sera acquis s'il revient. Ainsi les droits de puissance dominicale et paternelle, les acquisitions faites par ses enfants ou ses esclaves (Loi 22, §§ 2 et 3, D., *De Captiv.* — Loi 15, D., *De suis et legit. hered.*, l. XXXVIII, t. 16), l'institution d'héritier dont il serait l'objet sont en suspens. Il en est de même des droits de tutelle qu'il peut avoir (*Instit.*, l. I, t. 20, § 2), de sa propre succession qui n'est pas déférée tant que son sort reste incertain;

2° Tout ce qui consiste dans l'exercice des droits lui est retiré. Ainsi il ne pourrait contracter de justes noces, adopter, faire une stipulation, etc.... Ainsi, le testament qu'il aurait fait en captivité serait nul, même en cas de retour (*Instit.*, l. II, t. 12, § 5);

3° Tout ce qui consiste en fait est pareillement perdu pour lui ; si donc il possédait une chose par lui-même, l'usucapion est interrompue : « *Facti autem causæ infecta nulla constitutione fieri possunt* » (Loi 12, § 2, D., *De captiv.*). De même si sa femme est restée dans sa patrie, comme il n'y a plus de cohabitation possible entre eux, le mariage est dissous (Loi 4, D., *De Divort.*, l. XXIV, t. 2). Si, au contraire, sa femme se trouvait en captivité avec lui et qu'ils eussent des enfants, la légitimité de ceux-ci serait en suspens (Loi 25, D., *De Captiv.*).

Telle est la situation du captif; on peut dire que c'est un véritable anéantissement de sa personnalité et qu'il cesse d'être un homme pour devenir une chose. Aussi Rome, si fière des droits de ses citoyens, ne voulut pas que ceux d'entre eux qui tomberaient au pouvoir de l'ennemi sans avoir réussi à trouver la mort sur le champ de bataille, pussent être réputés à ses yeux avoir été esclaves dans le cas où ils parviendraient à rompre leurs chaînes et à rentrer dans leur patrie; elle protesta contre le fait de la servitude de ses enfants, et ses légistes, par d'ingénieuses fictions, neutralisèrent les conséquences rigoureuses de la captivité. Si, par un moyen quelconque, le captif recouvre sa liberté, la condition qui tenait son état en suspens s'étant accomplie, il rentre dans tous ses droits et est censé n'avoir jamais été esclave. Telle est ce qu'on appelle le *Postliminium*. Mais tous ces effets ne se produisent que si le captif rentre dans sa patrie : rien de semblable s'il meurt en esclavage; alors subsistent toutes les déchéances légales que sa captivité lui a fait encourir, et il est considéré comme ayant été esclave depuis l'instant où il a été pris. Cette règle ne souffre qu'une exception : grâce à la fiction de la loi Cornelia,

le captif est censé être mort au moment même où il a
été fait prisonnier; par conséquent il est mort citoyen
et le testament qu'il a fait est valable.

DU POSTLIMINIUM.

Le *Postliminium* est-il une institution du *jus gentium*, ou au contraire doit-il son origine au *jus civile?*
Trois opinions différentes se sont élevées à ce sujet :
Accurse, et avec lui Cujas, prétendait que le *Postliminium* est une institution du *jus gentium* seul. Voici
comment Cujas le définit : « C'est, dit-il, une institution du droit des gens qui suspend, sans les détruire,
tous les droits du captif, » et il appuie cette définition
sur la loi 32, § 1 (D., *De hered. instituend.*, l. XXVIII,
t. 5). Jean Ramus croit, au contraire, que c'est du
droit civil que vient cette fiction. Bartole et Grotius
ont adopté une opinion qui est une sorte de transac-
tion entre les deux autres trop absolues toutes deux ;
il y a, disent-ils, dans le *Postliminium* deux parties
distinctes : la première *est du jus gentium ;* en effet,
dans le principe, le *Postliminium* se bornait au re-
couvrement pur et simple de la liberté par le captif
qui revenait dans ses foyers (Loi 16, D., *De captiv.*).
Mais alors il n'était question ni de l'effet suspensif ni
de l'effet rétroactif que le droit civil est venu y ajouter postérieurement ; de sorte que c'est avec raison
qu'on peut dire que c'est le *jus gentium* qui a donné
naissance au *Postliminium*, et le *jus civile* qui l'a
modifié, en a étendu les effets, prévu et réglé les cas
dans lesquels on pourrait s'en prévaloir.

Quant à l'étymologie du mot *Postliminium*, voici ce

que dit Justinien : « *Postliminium* vient de *limen* et de *post*. C'est pourquoi, de celui qui pris par les ennemis est ensuite rentré dans notre territoire, nous disons avec raison qu'il est revenu par *Postliminium* : car de même que le seuil des maisons forme comme une frontière, ainsi les anciens ont appelé seuil la frontière de l'empire. Voilà pourquoi aussi *limes* se dit pour signifier frontière ou limite. De là le mot *Postliminium*, parce que le captif repasse pour revenir le seuil qu'il avait passé pour se perdre. » (*Instit.*, l. 1, t. 12, § 5.)

Heineccius a proposé une autre étymologie en invoquant ce que Plutarque raconte d'une coutume superstitieuse des anciens Romains. Lorsqu'un citoyen fait prisonnier par l'ennemi avait passé pour mort, si, au bout d'un certain temps, il revenait près des siens, il eût été de mauvais présage qu'il rentrât dans sa maison par la porte; il y pénétrait *pertegulas et impluvium post limen*. (Pothier, *Pand. Just. tit. de Capite. et postl.*, 1.)

Pomponius (Loi 11, princ., D., *De Captiv.*), s'attachant aux effets du *Postliminium* dit : « *Duae species Postliminii sunt, ut aut nos recertamur, aut aliquid recipiamus.* » On a appelé le premier *Postliminium actif* et le second *Postliminium passif*. Le *Postliminium* actif s'applique aux citoyens romains tombés en pouvoir de l'ennemi et qui recouvrent tous leurs droits en rentrant dans leur patrie. Le *Postliminium* passif s'applique à certaines choses dont s'est emparé l'ennemi et qui, reprises sur lui, retombent aux mains de leur ancien propriétaire. Nous allons étudier successivement ces deux sortes de *Postliminium*.

CHAPITRE PREMIER

DU POSTLIMINIUM ACTIF.

On peut le définir : *une fiction de droit en vertu de laquelle est considéré comme n'ayant jamais été captif le citoyen romain qui, après avoir été en réalité fait prisonnier par les ennemis, cesse d'une manière quelconque d'être en leur pouvoir.*

Examinons d'abord les conditions auxquelles est subordonnée l'existence du *Postliminium* ; nous verrons ensuite quels sont ses effets.

SECTION 1. — CONDITION D'EXISTENCE DU POSTLIMINIUM.

Nous allons étudier à quelle époque le *Postliminium* prend naissance et à quelles personnes il s'applique.

§ 1. *A quelle époque il prend naissance.*

Pomponius (Loi 5, princ., D., *De Captiv.*) nous apprend que : « *Postliminii jus competit aut in bello aut in pace.* »

1. — Au paragraphe 1er de la même loi 5, Pomponius dit formellement que les citoyens romains faits prisonniers dans une guerre ne peuvent invoquer le *Postliminium* que pendant la durée de cette guerre :

« *Nam si eodem bello is reversus fuerit, Postliminium habet.* » Pourtant Tryphoninus, dans la loi 12,
princ., semble dire le contraire : pendant la guerre le
Postliminium a lieu ; il a lieu aussi pendant la paix
pour les prisonniers de guerre « *de quibus nihil in
pactis erat comprehensum* ». Et le motif, c'est, dit-il,
que les Romains voulaient voir les prisonniers fonder
leur espoir de retour sur leur vaillance et non sur la
paix. Ces deux textes paraissent inconciliables : il faut,
croyons-nous, admettre la rectification proposée par
Pierre Faber, Cujas et Pothier, et au lieu de « *de quibus nihil in pactis erat comprehensum* », on doit dire
« *de quibus id in pactis...* ». Toute contradiction disparaît alors et nous traduisons : il en est de même
pendant la paix pour les prisonniers auxquels un
traité a accordé cet avantage.

II. — Le *Postliminium* existait en temps de paix
avec les peuples qui n'avaient aucun traité d'alliance
ni d'amitié avec Rome (Loi 5, § 2, D., *De Captiv.*). La
loi 12, princ., nous apprend que « ceux qui dans la
paix sont allés chez un peuple étranger contre lequel la
guerre vient tout à coup à éclater, deviennent esclaves
de ce peuple déjà ennemi chez lequel leur destin les
rend prisonniers (il faut lire *suo fato* et non pas *suo
facto* ; mais, pour eux le *jus Postliminii* existe tant
en guerre qu'en paix, à moins qu'un traité ne contienne une clause contraire. »

Ainsi ceux qui sont faits captifs dans une guerre
doivent revenir pendant cette même guerre pour pouvoir invoquer le *Postliminium*. Quant à ceux qui sont
surpris chez l'ennemi par la guerre et à ceux qui sont

faits prisonniers par un peuple n'ayant aucune relation
d'amitié avec Rome, ils peuvent ne revenir que pendant la paix et ils auront toujours droit aux avantages
du *Postliminium*.

§ 2. *A quelles personnes il s'applique.*

En principe le *jus Postliminii* est invocable par tout
captif, de quelque façon qu'il ait échappé à l'ennemi,
que ce soit par la force ou la ruse, par son fait par
ou par le fait d'autrui, et même par un affranchissement
régulièrement émané de son propriétaire (Loi 5, § 3. —
Loi 20, D., *De Captiv.*). Ainsi il n'y a pas à distinguer si
le captif est père de famille ou fils de famille; le *Postliminium* existe pour l'un comme pour l'autre et même
avec cette circonstance que quand il s'agit du fils, le
Postliminium est double, c'est-à-dire actif et passif,
actif, en ce que le fils récupère les droits qu'il possédait, passif, en ce que son père reprend les droits de
puissance paternelle (Loi 14, princ., D., *De Captiv.*). Il
n'y a pas non plus à distinguer de quel sexe et de quelle
condition est le captif; qu'il soit ingénu ou affranchi
peu importe et en effet le *Postliminium* ne s'applique
pas seulement à ceux qui peuvent porter les armes;
tous peuvent l'invoquer, car la liberté est le bien de
tous (Loi 19, § 10, D., *De Captiv.*).
Mais le *Postliminium* n'est acquis aux captifs qu'à
l'instant où ils ont mis le pied sur le sol de leur patrie
ou sur un sol ami (Loi 5, § 1, D., *De Captiv.*). Et la loi
19, § 3 (eod. tit.), en donne le motif : « *Quia ibi pri-
mum nomine publico tutus esse incipiat.* »

Par exception le *Postliminium* est refusé aux captifs qui se trouvent dans un des cas suivants :

1° Aux captifs qui se sont rendus à discrétion. — « *Postliminio carent qui armis victi hostibus se dederunt.* » (Loi 17. D., *De Captiv.*). La loi 19 (C., *De Postl.* l. VIII, t. 51) ajoute qu'il faut rechercher si les prisonniers se sont volontairement livrés aux ennemis ou s'ils y ont été forcés. Dans ce dernier cas, qu'ils se hâtent de rentrer dans leur patrie ; ils y recouvreront leurs droits grâce au *Postliminium*.

2° Aux transfuges. — Ceux qui ont abandonné leur patrie par trahison doivent être mis au nombre des ennemis ; tel est le motif que donne Paul (Loi 19, § 4, D., *De Captiv.*). Sont regardés comme transfuges non seulement ceux qui désertent pendant la guerre ou qui passent aux ennemis, mais encore ceux qui fuient pendant une trêve ou qui se réfugient chez un peuple n'ayant aucun traité d'alliance avec Rome et qui conspirent avec lui (Loi 19, § 8, eod. tit. — Loi 3, § 12, et loi 5, § 5, D., *De re milit.*, l. XLIX, t. 16). La *restitutio in integrum* est refusée aussi aux transfuges (Loi 14. D., *Ex. quib. caus. maj.*, l. IV, t. 6). Quoique considéré comme ennemi et repris par le droit de la guerre (Loi 51, princ., D., *De acquir. rer. dom.*, l. XLI, t. 1), le transfuge qui revient à Rome n'est pas esclave, mais il est saisi et brûlé vif (Loi 8, § 2, loi 38, § 1, D., *De pœnis*, l. XLVIII, t. 19). Tel est le sort du transfuge, qu'il soit homme ou femme, père de famille ou fils de famille, car le droit du *paterfamilias* sur son fils transfuge n'est pas même respecté, « *quia disciplina castrorum antiquior fuit parentibus romanis quam charitas liberorum* » (Loi 10, § 7, D., *De Captiv.*). Il en est autrement des esclaves transfuges : à leur retour ils rentrent sous la puissance de leurs maîtres ; « *sed hoc in libero transfuga juris est* », ajoute Paul à la fin du paragraphe 4 de la loi 19.

3° A ceux qu'une clause expresse d'un traité abandonne à l'ennemi. — (Loi 12, princ., D., *De Captiv.*).

4° A ceux qui reviennent à Rome sans avoir l'intention d'y rester. — « Il ne suffit pas, dit Florentinus (Loi 20, D., *De Captiv.*), que vous soyez corporellement chez vous si votre cœur est ailleurs. » La loi 5, § 3 (eod. tit.), nous cite d'abord l'exemple de Régulus : il avait été fait prisonnier des Carthaginois dans la première guerre Punique et avait été envoyé par eux à Rome pour traiter du rachat des prisonniers. Avant son départ il avait juré de revenir si sa mission ne réussissait pas. Le sénat, cédant à ses propres exhortations, déclara qu'il refusait la proposition des Carthaginois. Aussitôt Régulus retourna à Carthage où l'attendait une mort certaine. Il n'avait pas l'*animus manendi* ; donc le *Postliminium* ne lui était pas applicable. De même Aulu-Gelle (liv. 7, chap. XV), pour montrer avec quelle scrupuleuse et inaltérable loyauté la foi du serment était gardée à Rome, nous cite l'exemple de dix Romains qu'Annibal, après la bataille de Cannes, envoya dans leur patrie avec ordre de négocier l'échange des prisonniers. Avant leur départ il leur fit promettre qu'ils reviendraient dans le camp des Carthaginois si les Romains ne consentaient pas l'échange. Les dix captifs, arrivés à Rome, exposèrent devant le sénat l'offre du général carthaginois. Le sénat déclara qu'il refusait l'échange. Malgré tous les efforts que firent leurs parents pour les retenir, alléguant que grâce au

Postliminium ils avaient recouvré tous leurs droits de citoyens romains, huit d'entre eux répondirent que le bienfait de la loi ne pouvait leur être appliqué à cause de leur serment : « *tunc octo ex iis Postliminium justum non esse sibi responderunt, quoniam dejuro vincti forent,* » et, fidèles à la parole jurée, ils allèrent retrouver Annibal. Deux seulement restèrent à Rome prétendant qu'ils étaient dégagés de leur serment par le soin qu'ils avaient pris de rentrer sous un prétexte quelconque dans le camp des Carthaginois aussitôt après en être sortis, et d'en ressortir immédiatement pour revenir à Rome. Mais cette fraude parut si indigne que tout le monde les accabla de marques de mépris, et Cornelius Nepos raporte dans le cinquième livre de ses exemples qu'ils se virent en butte à tant de haine et d'outrages, qu'ils finirent par se tuer de leurs propres mains.

Pomponius dans la même loi 5. § 3, nous donne un autre exemple : celui d'un interprète nommé Ménandre ; les Romains après l'avoir fait prisonnier l'avaient affranchi et lui avaient accordé le droit de cité. Il avait été envoyé en mission auprès de ses concitoyens et on proposa de porter une loi déclarant qu'il resterait citoyen romain ; cette loi fut jugée inutile : en effet, ou il avait l'intention de rester dans sa patrie et alors il cessait d'être citoyen romain, ou sa volonté était de revenir et alors il restait citoyen.

5° A ceux qui, admis par un traité à rentrer dans leur patrie, ont une fois préféré rester chez l'ennemi. — C'est vainement qu'ils reviendraient plus tard : « *Si captivus, de quo in pace cautum fuerat, ut rediret, sua voluntate apud hostes mansit, non est et pos-*

les *Postliminium*. » (Loi 20, princ., D., *De Captiv.*).

6° A ceux que les Romains eux-mêmes ont livrés aux ennemis et qui de retour ne sont pas reçus par leurs concitoyens. — On livrait ainsi à une nation celui qui avait frappé ses ambassadeurs; si les ennemis ne recevaient pas cet homme ainsi *deditus*, restait-il citoyen romain ? Il y avait eu controverse entre Scévola et Publius ; en définitive on avait reconnu que celui qui était condamné à être livré, était chassé de la cité comme si on lui avait interdit l'eau et le feu ; tel est l'avis de Publius Mucius que nous rapporte Pomponius (Loi 17, D., *De Legation*., l. l. t. 8). La question s'était élevée à propos d'un certain Hostilius Mancinus qui, livré aux habitants de Numance, n'avait pas été reçu par eux. Une loi avait dû intervenir pour lui rendre ses droits de citoyen. Modestin est du même avis : il faut admettre, dit-il, que cet individu n'est pas citoyen ; ses droits ne lui seront rendus que quand une loi l'aura réhabilité.

Ces diverses classes de captifs recouvrent néanmoins comme les autres leur liberté légale en recouvrant leur liberté naturelle. C'est une preuve que si le *Postliminium* est la conséquence ordinaire de la libération matérielle et du retour du captif, il n'en est pas la conséquence forcée.

SECTION II. — EFFETS DU POSTLIMINIUM.

Nous savons déjà que par l'effet du *Postliminium* le captif de retour chez les siens rentre en possession de tous les droits personnels et réels qui lui appartenaient avant sa captivité, de sorte qu'il se trouve à son retour dans la même position que s'il n'était jamais tombé au pouvoir de l'ennemi, c'est-à-dire que le *Postliminium* agit rétroactivement et que son action remonte au jour où celui qui en profite a été fait prisonnier : « *Retro creditur in civitate fuisse qui ab hostibus advenit.* » (Loi 16, D., *De Captiv.*).

Nous allons passer en revue les divers droits tenus en suspens par la captivité.

§ 1. *Mariage.*

Lorsqu'un citoyen romain et sa femme ont été faits prisonniers ensemble, s'ils sont restés en captivité l'un près de l'autre et si ensuite ils sont tous deux revenus à Rome, grâce au *Postliminium*, leur mariage sera réputé n'avoir jamais cessé d'exister, et par suite l'enfant qu'ils auront eu en captivité sera *justus* et *in potestate patris.* C'est en ce sens que les empereurs Sévère et Antonin ont rendu un rescrit (Loi 25, D., *De Captiv.*). Cette décision nous fait comprendre comment il peut arriver que le mari soit fondé à poursuivre sa femme pour adultère commis chez les ennemis (Loi 13, § 7, D., *Ad. leg., Jul. de adult.*, l. XLVIII, t. 5.) Au contraire, supposons que le mari ait seul été fait prisonnier et que la femme soit restée à Rome : alors le mariage sera dissous, bien qu'au bout d'un certain temps le mari recouvre sa liberté.

Voilà ce que plusieurs textes disent positivement : « *Dirimitur matrimonium divortio, morte, captivate,* » dit Paul (Loi 1, D., *De Divort.*, l. XXIV, t. 2.) « *Non id a patre filius,* dit le même jurisconsulte (Loi 8, D., *De*

Captæ), ita uxor a marito jure Postliminii recuperari potest. « Pomponius avait déjà donné la même décision (Loi 14, § 1, eod. tit.) : « Le mari ne peut pas recouvrer sa femme par le *Postliminium* comme le père recouvre son fils ; un nouveau consentement est nécessaire pour que le mariage renaisse. » Le mariage est dissous, nous apprend Tryphoninus (Loi 12, § 4, eod. tit.) « *tametsi captivi uxor maxime velit et in domo ejus sit.* » Ainsi, c'est vainement que la femme serait restée dans la maison conjugale, vainement que l'intention réciproque de maintenir le mariage aurait subsisté sans interruption ; le mari aura beau revenir à Rome et recouvrer rétroactivement tous les droits qu'il avait au moment où il a été fait prisonnier, le mariage n'existe plus et les anciens époux peuvent seulement se remarier l'un à l'autre ; la loi 8 *in fine* ajoute même qu'au cas où la femme se refuserait sans motif plausible à renouer les relations conjugales, elle serait tenue des peines attachées à un divorce arrivé par sa faute. C'est là, nous semble-t-il une décision bien peu logique. On peut encore citer dans le même sens la loi 68 (D., *Solut. matrim.*, l. XXIV, t. 3). Elle suppose qu'un tiers a stipulé du mari la restitution de la dot pour le cas où son mariage avec Titia serait dissous. Paul décide que si Titia est faite prisonnière par les ennemis, *committetur stipulatio*, c'est-à-dire la dot devra être restituée, comme si Titia avait été déportée ou était devenue esclave, cas qui doivent être assimilés à la captivité. Le mariage est donc bien regardé comme dissous.

La différence entre l'hypothèse où les deux époux subissent ensemble la captivité et celle où l'un d'eux

seulement est fait prisonnier s'explique par la raison
que dans le premier cas la cohabitation étant restée
possible entre eux, le *Postliminium* opère sans qu'il
soit nécessaire de réputer non avenu un fait accompli.
Dans le second cas, au contraire, la séparation matérielle des époux constitue un fait ineffaçable qui s'oppose invinciblement à l'application du *Postliminium*.
On a prétendu que, en cas de captivité du mari seul,
la rupture du mariage ne tient pas à l'impossibilité de
la cohabitation physique, mais à ce qu'en réalité le mari
est *servus* et que le *contubernium* serait interdit entre
un *servus* et une femme libre. Il y a là une erreur certaine, comme le fait remarquer M. Accarias [1].

Le contubernium est admis entre deux personnes
dont l'une est libre et l'autre esclave (Paul, Sent. II,
19, § 6). Le sénatus-consulte Claudien prouve qu'entre
une femme libre et l'esclave d'autrui il reste permis
si le maître ne s'y oppose pas. Il ne fut prohibé par
Constantin (Loi unic., C., *De mulier que se*, l. IX, t. 2,
qu'entre la femme libre et son propre esclave.

Par exception, le mariage d'un patron avec son affranchie était maintenu provisoirement pendant la captivité de l'époux, car la femme ne pouvait dans ce cas
se séparer de lui sans qu'il y consentît, à cause de la
loi *Julia de maritandis ordinibus* (Lois 28, 29, 45
§ 6, 50, D., *De ritu nuptiar.*, l. XXIII, t. 2.) Tant que
durait la captivité du patron, l'affranchie devenue son
épouse était tenue d'attendre son retour; c'était une
des obligations que lui imposait la *patronalis reveren-
tia* (Loi 45, § 6, eod. tit.).

---

[1] *Précis de Droit romain*, t. 1, p. 118, note 4.

Tous ces textes sont formels et il semble bien en résulter que le mariage à Rome est dissous par la captivité de l'un des époux. Cependant la loi 6 (l)., *De Divort.*, l. XXIV, t. 2) dit que « *uxores eorum qui in hostium potestate pervenerunt, possunt videri nuptiarum loco retinere, eo solo quòd alii temere nubere non possunt* ». Tant qu'il est certain que le mari captif est vivant, sa femme ne peut en aucune façon *migrare ad aliud matrimonium*, à moins qu'elle ne préfère invoquer quelque cause de divorce. Si, au contraire, le sort du mari est incertain, alors après un espace de cinq ans depuis le jour de sa captivité, la femme pourra se remarier ; le premier mariage sera considéré comme dissous *bona gratia* et chacun des époux conservera ses droits entiers. Il en serait de même au cas de captivité de la femme. Cette loi contredit la loi 1 du même titre ; mais on est d'accord pour admettre qu'il y a là une interpolation et que l'auteur de cette loi est non pas Julien, mais Justinien. L'incorrection du langage, certaines tournures plus familières à Justinien qu'aux jurisconsultes viennent corroborer cette opinion.

Les premières modifications que reçut cette législation sont dues à Constantin. Cet empereur décide que la femme dont le mari est parti pour l'armée et qui, pendant un espace de quatre ans, n'a reçu aucune nouvelle de lui, si elle a l'intention de se remarier, doit en informer le général de son mari, et qu'ensuite elle pourra contracter un nouveau mariage sans être exposée à perdre sa dot ni à subir la peine capitale, car après avoir attendu pendant si longtemps elle doit être réputée s'être mariée *non temere, nec clanculo sed publiée* (Loi 7, C., *De repud. et judic.*, l. V, t. 17).

Justinien, modifiant de nouveau cette législation, exige que le conjoint du captif attende un espace de cinq ans. Après ce délai, que la mort du captif soit avérée ou que son sort reste incertain, il pourra se remarier valablement (Nov. XXII, chap. 7). Plus tard (Nov. XII, chap. 14), il porte le délai à dix ans et impose à la femme du captif l'obligation d'écrire à son mari pour l'informer de son intention. Si celui-ci renonce expressément au mariage ou garde le silence, elle doit adresser un libelle à son général et ce n'est qu'après l'exécution de toutes ces formalités qu'elle pourra se remarier sans encourir les peines portées contre ceux qui se remarient *temerarie*. Quelque temps après, Justinien introduit de nouveaux changements en décidant que quelque longue que soit l'absence du mari, bien qu'il n'ait jamais écrit ou répondu aux lettres de sa femme, celle-ci ne pourra se remarier. Que si elle vient à apprendre par une voie quelconque la mort de son mari, alors elle pourra convoler en secondes noces, pas avant toutefois d'avoir fait demander au général de son mari si la nouvelle de sa mort est bien certaine, et, en cas de réponse affirmative, d'avoir attendu un an. Sinon, elle et son second mari encourent les peines de l'adultère (Nov. CXVII, chap. 11).

Le dernier pas fut fait par l'empereur Léon le Philosophe qui exigea que la femme du captif qui voudrait se remarier fît la preuve du décès de son mari (Nov. Léon, Constitut. XXXIII). C'est proclamer l'indissolubilité du mariage.

§ 2. *Puissance paternelle.*

Le père de famille qui est fait prisonnier perd tout pouvoir sur les siens, mais puisqu'au cas de retour il est restitué dans l'intégrité de ses droits, il reprend ce pouvoir comme s'il ne l'avait jamais perdu. La condition des enfants reste donc en suspens, « *pendet jus liberorum* ». Si le *paterfamilias* revient, le fils sera censé être resté *filiusfamilias* pendant tout le temps de la captivité. Au contraire, s'il ne revient pas, le fils sera censé avoir été affranchi de la puissance paternelle dès le moment où a commencé la captivité de son père. De même si celui qui a été fait prisonnier était non pas *paterfamilias*, mais *filiusfamilias*, sa captivité fait perdre à son père tout pouvoir sur lui ; mais s'il revient, il reprend sa condition première et se trouve soumis à la puissance paternelle comme s'il n'en avait jamais été affranchi. C'est ce que disent formellement les *Institutes* (l. 1., t. 12, § 5). Cette décision emporte une conséquence remarquable : c'est que chaque enfant a la propriété exclusive des acquisitions qu'il a pu faire pendant la captivité de son père par stipulation, tradition ou legs. Si, au contraire, les enfants ne s'étaient trouvés *sui juris* qu'au moment du décès de leur père, les acquisitions qu'ils auraient pu faire compteraient dans le patrimoine de ce dernier et par conséquent n'appartiendraient à l'enfant qui les aurait réalisées que dans la mesure de sa part héréditaire, et même ne lui appartiendraient pas du tout s'il avait été régulièrement exhérédé. Quant aux acquisi-

tions faites par l'esclave du captif, elles s'ajoutent toujours à son hérédité, car l'adition d'hérédité n'étant
pas possible du vivant du captif, une fois qu'il est mort,
ses esclaves sont censés avoir acquis pour l'hérédité
qui leur tenait lieu de maître (Loi 12, § 1, D., *De Captiv.*). Julien partage la même opinion (Loi 22, § 2,
eod. tit.).

Pourtant Gaius (C. I, § 129) nous dit que la question
était controversée : « *Si illic mortuus sit, erunt qui-
dem liberi sui juris ; sed utrum ex hoc tempore quo
mortuus est apud hostes parens, an ex illo quo ab
hostibus captus est, dubitari potest.* » On peut se demander comment on a hésité à admettre la rétroactivité ; en effet, la mort du père chez l'ennemi, coupant
court à tout espoir de *Postliminium*, vient prouver
qu'il a été véritablement esclave ; or, la puissance paternelle ne pouvant appartenir à un *servus*, l'enfant
n'a pas besoin de la fiction de la loi Cornelia pour devenir *sui juris*. Le doute venait probablement de ce
que les enfants n'avaient réellement pas agi comme
des personnes *sui juris*, puisque dans l'intervalle leur
état avait été en suspens, et que seul le décès du père
avait pu dissoudre la puissance paternelle, car c'était
lui qui avait fait cesser l'incertitude sur l'état des enfants. Si on finit par admettre la rétroactivité, ce fut
seulement quand les prudents eurent reconnu que le
prisonnier mort chez les ennemis devait être réputé
mort à l'instant même où il avait perdu la liberté. Or
cette règle ne nous apparaît définitivement reçue qu'au
commencement du III° siècle. C'est Ulpien en effet qui,
généralisant la fiction créée par la loi Cornelia, pose
en principe que « *in omnibus partibus juris is qui*

reversus non est ab hostibus, quasi tunc decessisse videtur quam captus est » (Loi 18, D., *De Captiv.*).

La loi 10, princ. (eod. tit.), indique une conséquence notable de cette décision : elle suppose qu'un père, après avoir institué son fils héritier et lui avoir substitué un tiers, est tombé en captivité et y est mort ; l'impubère est décédé à son tour. C'est le substitué qui recueillera sa succession, car la mort du père remontant au jour de sa captivité, le fils se trouvait alors sous sa puissance et la substitution était valable. Si au contraire on n'avait pas admis la rétroactivité, la succession aurait été recueillie par l'héritier légitime, car le fils aurait été *sui juris* au moment de la mort de son père.

A son retour de captivité, le *paterfamilias* recouvre la puissance paternelle non-seulement sur ses enfants, mais même sur ses petits-enfants (Loi 23, D., *De Captiv.*). Cette loi suppose qu'un père de famille dont la femme était enceinte a été fait prisonnier ; puis sa femme accouche d'un fils qui lui-même se marie et devient père. Sur ces entrefaites, l'aïeul revient ; il reprendra tous ses droits sur son petit-enfant, comme si son fils était né avant sa captivité. Le père de famille recouvre aussi sa puissance paternelle sur les enfants qu'il a eus pendant sa captivité, en supposant que sa femme était prisonnière avec lui (Loi 25, eod. tit.). Cette loi suppose que les deux époux ont été pris par l'ennemi et qu'il leur naît un fils pendant leur captivité. En s'attachant à cette idée que le *Postliminium* ne rend que la condition qu'on a perdue, on devrait dire que cet enfant ne retirera aucun bénéfice de la fiction et sera toujours considéré comme d'origine servile, car telle a été sa condition *ab initio*; il ne pourrait donc pas, en rentrant dans sa patrie, acquérir la qualité et les droits de citoyen qu'il n'a jamais possédés. Cependant, en vertu d'une constitution des empereurs Sévère et Antonin, le bénéfice du *Postliminium* dont jouit le père à son retour, est étendu au fils qui rentre avec lui; il devient *filiusfamilias* et se trouve soumis à la puissance paternelle (Loi 1, C., *De Postl.*, l. VIII, t. 51. — Loi 6, § 2, D., *De Injusto, rupto*, l. XXVIII, t. 3).

Dans le premier état de la législation sur cette matière, si cet enfant né pendant la captivité de ses parents ne rentrait qu'avec sa mère, il était considéré comme bâtard : « *Quasi sine marito natus, spurius habebitur* » (Loi 25, D., *De Captiv.*). Il ne devenait héritier que de sa mère et non de son père, qui était resté ou qui était mort *in captivitate*. L'empereur Léon le Philosophe, modifiant cet état de choses, décida, par sa Novelle 30, que, dans tous les cas, l'enfant conçu ou né pendant la captivité de ses parents et qui ne rentrerait qu'avec l'un d'eux, n'en succéderait pas moins à tous les deux, comme s'ils étaient rentrés ensemble.

Après avoir reconnu que l'état des fils du captif restait incertain pendant la captivité, nous devons indiquer comme conséquence de ce principe qu'il en était de même de leurs droits intimement liés à leur état même. Une seule exception doit être faite à l'égard du mariage des enfants du captif. S'il meurt chez l'ennemi, nul doute ne saurait s'élever sur la validité du mariage qu'auraient contracté ses enfants, car ils sont réputés devenus *sui juris* à compter du moment même où leur père a perdu la liberté. Mais que le *paterfamilias* revienne et, par l'effet du *Postliminium*, il sera censé n'avoir jamais été dépouillé de sa puissance. Le mariage sera-t-il donc nul comme contracté sans son consentement? Non, et voilà en quoi consiste l'exception que nous avons signalée. Pour les filles qui ne donnaient pas d'enfants à la famille de leur père, on leur permit facilement de se marier sans son consentement. Pour les fils, la règle *nemini invito heres suus agnoscitur* fournissait au moins une sérieuse raison de douter. Cependant on finit par leur appliquer la même concession qu'aux filles, « *quia illos temporis conditio necessitasque faciebat, et publica nuptiarum utilitas exigebat* » (Loi 12, § 3, D., *De Captiv.*). En outre, le père est censé consentir à ce qu'il ne défend pas expressément (Loi 7, § 1 in fine, D., *De Sponsal.*, l. XXIII, t. 1). Or, tant qu'il est en captivité, un père n'ayant pas d'autorité sur son fils, ne peut lui défendre de se marier; on doit donc le considérer comme consentant.

Ulpien et Paul sont d'accord pour permettre aux enfants des deux sexes de contracter mariage après trois ans passés sans retour du captif (Loi 9, § 1, loi 10, D., *De Ritu nupt.*, l. XXIII, t. 2). Julien (Loi 11, eod. tit.) va même jusqu'à déclarer valable le mariage contracté avant l'expiration de ce délai par le fils ou la fille du captif, si le conjoint est de condition telle que le père n'aurait pas pu raisonnablement refuser son consentement. Ce délai de trois ans n'a, du reste, été établi que par Justinien; dans le silence de la loi, les jurisconsultes ne pouvaient pas créer un délai: ils devaient prendre parti purement et simplement dans un sens ou dans l'autre. On est d'accord pour voir là une interpolation des compilateurs de Justinien.

§ 3. *Tutelle.*

Tout individu qui subit une *capitis minutio* devient incapable d'être tuteur : « *Sed et capitis deminutione tutoris per quam libertas vel civitas amittitur, omnis tutela perit* » (*Instit.*, l. 1, t. 22, § 4). Si donc le captif exerçait une tutelle au jour où il a été fait prisonnier, cette tutelle cesse en ce sens que son compte est exigible tout de suite et que les fidéjusseurs qui se sont engagés pour lui peuvent être poursuivis (Loi 7, § 1, D., *De tut. et ration.*, l. XXVII, t. 3. — Loi 4, § 5, D., *Rem pupilli*, l. XLVI, t. 7). Mais le tuteur ne perd définitivement ses droits que s'il meurt en captivité ; s'il revient dans sa patrie, la tutelle lui sera rendue par l'effet du *Postliminium*, et sera censée n'avoir jamais été interrompue (Loi 8, D., *De tut. et ration.*, l. XXVII, t. 3). Pendant l'absence du tuteur, il est pourvu aux intérêts du pupille par un tuteur provisoire nommé en vertu de la loi Atilia si c'est à Rome, ou des lois Julia et Titia si c'est dans les provinces (*Instit.*, l. 1, t. 20, § 2. — Loi 1, § 2, D., *De legit. tut.*, l. XXVI, t. 4). Tant qu'il y avait encore espérance de tutelle testamentaire, on ne devait pas recourir à celle qui était déférée par la loi et la tutelle dative s'ouvrait : « *Sciendum est enim quamdiu testamentaria tutela speratur, legitimam cessare* » (Loi 11, D., *De test. tut.*, l. XXVI, t. 2).

Que décider si ce n'est pas le tuteur mais le pupille

qui est fait prisonnier? Très-probablement la tutelle
était considérée comme provisoirement finie, sauf à
recommencer si, encore impubère, il recouvrait la liberté dans les conditions voulues pour jouir du *Postliminium*. Aucun texte ne se prononce formellement
à cet égard, mais nous croyons qu'on peut décider
ainsi par analogie en s'appuyant sur la loi 7, § 1, et la
loi 8 (*De tut. et ration.*).

§ 1. *Testament du captif. — Loi Cornelia.*

Une première chose à considérer, dit Gaius, si nous
recherchons la validité d'un testament, c'est de savoir
si celui qui l'a fait avait la faction de testament : « *Im-
primis intcrdum debemus, an is qui id fecerit habue-
rit testamenti factionem.* » Cette expression désignait
à l'époque de Justinien, selon la propre définition des
Institutes, en premier lieu la capacité de faire un testament, et en second lieu la capacité de recevoir et
d'acquérir pour soi ou pour autrui par le testament
d'un autre. Aussi les interprètes ont distingué la *factio
testamenti activa* et la *factio testamenti passiva* :
expressions qui n'ont jamais existé dans la langue du
droit romain. Du reste, ces deux capacités ne sont pas
corrélatives et bien des personnes peuvent être insti-
tuées qui sont incapables de tester (loi 10, D., *Qui
test. fac. pos.*, L. XXVIII, t. 1). C'est de la *factio testamenti activa* dont nous allons nous occuper dans ce
paragraphe; nous parlerons de la *testamenti factio
passiva* au paragraphe suivant.

Deux hypothèses peuvent se présenter :

1° Le citoyen romain est déjà captif quand il fait son testament ;

2° Il a fait son testament avant de perdre la liberté.

Première hypothèse. — Le citoyen romain teste pendant sa captivité. — Aucun esclave ne peut faire de testament (Loi 16, princ., D., *Qui test. fac. pos.*, l. XXVIII, t. 1). Par conséquent, tout testament fait par un citoyen en captivité ne doit, selon les règles du droit strict, avoir aucune valeur. C'est ce que dit formellement Gaïus (Loi 8, princ., eod. tit.) : « *Ejus qui apud hostes est testamentum quod ibi fecit, non valet, quamvis redierit.* » Justinien donne la même décision (*Instit.*, l. II, t. 12, § 5). Le testament fait en captivité est donc nul quand même le captif parviendrait à s'échapper et à rentrer dans sa patrie. C'est une application de cette maxime : « *Quod initio vitiosum est non potest tractatu temporis convalescere.* » Un acte nul à l'origine ne peut jamais devenir valable. Nous savons, en outre, que tout ce qui tient à l'exercice des droits, tout ce qui consiste en fait est retiré au captif et ne sera jamais ratifié, soit qu'il revienne, soit qu'il meure chez l'ennemi.

Tel est le principe ; mais la loi 11 D., *De test. milit.*, l. XXIX, t. 1, fait une exception en faveur du captif et décide qu'il pourra tester dans la forme du testament militaire. Plus tard, l'empereur Léon le Philosophe, dans sa Novelle 40, permet au captif de tester après avoir vivement reproché à l'ancien droit de ne pas lui avoir accordé cette permission. Mais il exige trois conditions :

1° Le testament doit être fait devant trois témoins :

2° Si le testateur a des enfants, il doit les instituer tous héritiers sans attributions de parts;

3° Il ne doit transférer absolument rien aux ennemis au pouvoir desquels il se trouve; s'il leur laisse quelque chose, si peu que ce soit, son testament est nul *ipso facto*.

La règle est-elle la même pour les codicilles? En principe, il faut la même capacité pour ces derniers que pour le testament (Loi 6, § 3, D., *De jure codicill.*, l. XXIX, t. 7). Cependant, dans la loi 12, § 5 D., *De captiv.*), Tryphoninus fait exception, dans un intérêt d'humanité, au profit du captif de retour dont les codicilles ont été confirmés par avance dans un testament antérieur à la captivité. Cette exception n'est même pas admise par Marcien (loi 7, princ., D., *De jure codic.*). Tryphoninus et Marcien étaient contemporains; c'est donc là une dissidence entre eux; l'avis du premier a dû être suivi de préférence comme plus conforme à l'équité.

Deuxième hypothèse. — Le citoyen romain a testé avant d'être fait prisonnier.

Deux cas peuvent se présenter; le prisonnier recouvre la liberté et revient dans sa patrie, ou il meurt en captivité.

Premier cas. Le captif revient dans sa patrie. — Le sort du testament fait par le citoyen romain avant de tomber au pouvoir des ennemis est tenu en suspens pendant toute la durée de son absence. Ce testament est valable sous la condition suspensive du retour du captif. Si donc celui-ci revient, le testament reprend toute sa force et sa valeur premières (Ulp., *Fragm.*, III, 23, § 5. — Loi 6, loi 8, § 12, D., *De injusto, rupto,*

l. XXVIII, t. 3). Le testament du père de famille ne serait pas rompu davantage si c'était le fils qui eût été captif; à son retour il serait censé avoir toujours été là (Loi 10, eod. tit.); aussi l'exhérédation prononcée contre lui par ce testament conserverait-elle tout son effet (Loi 8, § 9, D., *De bon. poss. cont. tab.*, l. XXXVII, t. 4). Et si le fils de retour était omis dans le testament du père, ce testament serait *injustum*, et non pas *ruptum*, bien que le fils eût peut-être été captif au moment de la confection du testament, parce qu'il est rétroactivement considéré comme ne l'ayant pas été et qu'il y a lieu dès lors d'appliquer ici la nullité provenant de l'omission du fils (Loi 6, § 1, D., *De Injusto, rupto*, l. XXVIII, t. 3. — Ulp., *Fragm.*, tit. 22, § 16. — Gaius, C. II, § 123).

Deuxième cas. Le captif meurt chez l'ennemi. — Dans ce cas, et d'après toutes les règles du droit, son testament est nul et sans aucune valeur, car le testateur meurt esclave et, par conséquent, sans la *testamenti factio*. Le *Postliminium* ne s'est pas accompli pour lui, car il a subi la *maxima capitis minutio* et est mort n'ayant plus aucun droit. Il y avait là une lacune : la loi Cornelia *de falsis*, appelée aussi *testamentaria*, vint la combler.

D'après certains commentateurs, l'auteur de la loi Cornelia serait Cornelius Scipio, qui l'aurait proposée après la première guerre Punique, à l'occasion des testaments de ceux des citoyens tombés entre les mains des Carthaginois. Mais l'exemple de Régulus et des autres prisonniers, que le sénat romain laissa en captivité et ne voulut pas même reprendre par voie d'échange, nous fait penser que l'opinion que nous venons d'indiquer touchant l'origine et l'auteur de la loi Cornelia est erronée. Il est bien plus probable que cette loi a été portée environ cent cinquante ans après la première guerre Punique par le dictateur Cornelius Sylla, en l'an de Rome 673 (80 av. J.-C.). Cette loi comprend deux chapitres : l'un édicte des peines contre des faux commis relativement aux testaments des captifs, l'autre contient la fiction que nous allons étudier.

Cette fiction consiste à considérer le captif mort chez l'ennemi comme décédé au moment même où il a été fait prisonnier, c'est-à-dire au dernier moment de sa liberté, alors qu'il était encore en pleine jouissance de tous les droits attachés à sa qualité de citoyen. Par conséquent, le testament que ce citoyen mort *integri status*, ou réputé tel, avait fait *in civitate*, n'est pas devenu inutile et continue à être efficace : « *Lege Cornelia testamenta eorum qui in hostium potestate decesserint perinde confirmantur, ac si hi, qui ea fecissent, in hostium potestate non pervenissent.* » (Loi 12, D., *Qui test. fac. poss.*, l. XXVIII. t. 1.) Les jurisconsultes étendirent par interprétation ce principe aux questions d'état, aux successions légitimes, aux tutelles et enfin à toutes les parties du droit, comme nous l'avons déjà vu (Loi 18 D., *De Captiv.*).

1. *Questions d'état.* — Le captif étant présumé mort au moment de sa captivité, depuis ce moment même ses fils sont devenus *patresfamilias*, les fils nés de la femme laissée enceinte par le captif et depuis la captivité sont réputés posthumes et nés *patresfamilias*. Tout ce qu'ils ont acquis depuis que leur père est pri-

sonnier est pour eux (Loi 11, § 7, D., *De l'usurpat.*, l. XLI, t. 32. — Loi 12, § 1, *De Captiv.*). Nous avons déjà vu que deux époux étant faits prisonniers ensemble, le fils qui leur naît pendant leur captivité est réputé légitime au cas de retour du père et de la mère, mais qu'au contraire si la mère revient seule, il est considéré comme bâtard ; la loi Cornelia suppose le père mort au moment où il a été fait prisonnier ; l'enfant est donc *natus sine marito*. Voilà un cas où, bien loin d'être favorable à l'enfant, la loi Cornelia lui cause le plus grand préjudice.

Si le captif est un fils de famille, dès qu'il meurt chez l'ennemi, peu importe que le père resté libre soit décédé avant ou après lui : il sera déclaré mort *filius-familias*, et les biens qu'il a pu laisser reviendront, par droit de puissance, à son père ou aux héritiers de ce dernier.

II. *Hérédité testamentaire du captif.* — En vertu de la loi Cornelia, le testament du citoyen mort en captivité est maintenu dans toute son intégrité, d'où il suit que tout ce qui est dit à propos du testament du citoyen mort *in civitate* s'applique également à celui du citoyen mort *in captivitate*. L'héritier qui recueille une succession en vertu de la loi Cornelia est donc proprement l'héritier testamentaire du captif (Loi 18, princ., D., *Ad leg. Falcid.*, l. XXXV, t. 2). Il peut faire addition d'hérédité en vertu du testament ainsi validé (Loi 32, D., *De Acquir. vel omitt. hered.*, l. XXIX, t. 2) ; s'il y a plusieurs héritiers, le juge partage l'hérédité : « *redditur judicium dividundum* » (Loi 25, princ., D., *Famil. ercisc.*, l. X, t. 2) ; l'exception de

tabulis exhibendis peut être opposée par les héritiers
ab intestat (Loi 1, § 9, D., *De tab. exhib.*, l. XLIII.
t. 4); on pourra également demander la *bonorum possessio contra tabulas* ou *secundum tabulas* (Loi 3, § 6,
D., *De bon. possess.*, l. XXXVII. t. 4. — Loi 4, § 2,
D., *De bon. libert.*, l. XXXVIII. t. 2); la loi Falcidie
est applicable à ce testament (Loi 1, § 1, D., *Ad leg.
Falcid.*, l. XXXV, t. 2; enfin, quoiqu'à sa mort le
captif n'ait plus la puissance paternelle ni la puissance
dominicale, ses enfants sont encore ses héritiers siens
et il pourra avoir un de ses esclaves pour héritier nécessaire (Loi 30, D., *De test. milit.*, l. XXIX, t. 1. —
Loi 14, princ., D., *De Castr. pecul.*, l. XLIX. t. 17).

Mais la loi Cornelia n'empêcherait pas le testament
du captif d'être *ruptum* si un enfant né de la femme
laissée enceinte par le captif y était omis, « *quia et
verum qui in civitate manserunt hæc causa testamenta
rumpuntur* » (Loi 22, § 1, D., *De Captiv.*). Il en serait ainsi alors même que cet enfant mourrait ensuite
(Loi 2, C., *De Posthum.*, l. VI, t. 29). Javolenus n'admet pas de doute sur cette rupture du testament à la
naissance du posthume (Loi 15, D., *De injusto, rupto*,
l. XXVIII. t. 3).

Si le testament est celui d'un fils de famille militaire
fait captif et mort chez l'ennemi, la loi Cornelia lui
donne encore effet (Loi 14, princ., D., *De Castr. pecul.*,
l. XLIX. t. 17). En supposant que ce fils de famille
militaire a lui-même un fils et qu'il l'a omis dans son
testament, si le père vient ensuite à mourir pendant
la captivité de son fils en omettant aussi son petit-fils,
le testament du père sera rompu, car il se trouvait en
présence d'un petit-fils son héritier sien qu'il devait

instituer ou exhéréder ; au contraire le testament du
fils militaire sera valable ; en effet à l'époque où il a
été fait, celui-ci n'avait pas d'héritier sien, puisqu'il est
censé être mort *filiusfamilias* (Loi 30, D., *De test.
milit.*, l. XXIX, t. 1).

Voilà ce qui a lieu quand le captif a fait un testament ; voyons maintenant ce qui arrive dans le cas où
il est mort intestat.

III. *Hérédité ab intestat du captif.* — Ulpien nous
apprend que la succession du citoyen romain mort
chez l'ennemi est dévolue à ceux qui auraient été déclarés ses héritiers, si le captif était décédé au jour où
il a perdu la liberté (Loi 1, princ., D., *De suis et legit.
hered.*, l. XXXVIII, t. 16). Il n'y a donc aucune innovation à cet égard, et nous sommes en présence d'une succession *ab intestat* qui se règle d'après les principes
ordinaires (Loi 22, princ., D., *De Captiv.*). L'héritier
n'est saisi de la succession et ne peut la transmettre
lui-même à ses héritiers que du jour de l'addition ; or il
ne peut y avoir d'addition qu'au jour de l'ouverture de
l'hérédité, c'est-à-dire à partir du moment où il devient certain que le captif ne reviendra pas : ce moment est celui de sa mort naturelle. Les empereurs
Dioclétien et Maximien confirment cette décision à la loi
4 au Code (*De Postl.*). Ils déclarent nulle l'addition faite
par un fils de l'hérédité de sa mère prisonnière des ennemis, parce qu'au moment où cette addition a eu lieu,
le fils ignorait si sa mère était vivante ou non ; or on
ne peut faire addition de la succession des captifs que
lorsqu'on a la certitude de leur mort.

L'incertitude où on était sur la vie ou la mort du cap-

til causait de grands embarras en empêchant les héritiers du captif de jouir de sa fortune ; en outre le fisc
pouvait s'emparer de ses biens comme étant vacants.
Aussi, pendant tout le temps que dure cette incertitude, ses biens sont donnés à ses héritiers, mais seulement *custodiæ causa* (Loi 12, princ., D., *De bon. posses.*, L. XXXVII, 1. 1). Le préteur accorde aux héritiers
une *bonorum possessio decretalis* qui dure jusqu'à ce
que le sort du captif soit connu. Quand sa mort est
certaine, son héritier demande la *bonorum possessio*
non plus pour se faire admettre malgré le fisc, puisqu'il l'exclut *ipso jure*, mais pour devenir maître définitif des biens du captif ; cette *bonorum possessio* n'est
plus *decretalis* mais *edictalis*. C'est encore la loi Cornelia qui permet de l'accorder, ainsi que le prouve la
loi 3, § 6 (eod. tit.), que nous avons déjà citée.

Si le père et le fils ont été faits prisonniers ensemble et que le fils revienne seul, le père étant décédé *apud hostes* avant ou après le retour du fils,
celui-ci sera l'héritier sien de son père. En effet, la loi
Cornelia fait remonter la mort du père prisonnier au
jour où il a perdu la liberté et le fils est censé n'avoir
jamais été captif grâce au *Postliminium* (Loi 9, C.,
De Postl.).

IV. *Tutelle légitime*. — Paul (Sent. l. III, t. 4 A,
§ 8, *in fine*), nous dit que la loi Cornelia confirme la
tutelle légitime de la même façon que l'hérédité : « *Qua
lege etiam legitimæ tutelæ hereditatesque firmantur.* »
Il ne s'agit certainement pas là de la tutelle qu'exerçait
le captif, ni de celle dont il était l'objet, puisque étant
réputé mort le jour où il a été fait prisonnier, il ne

peut plus évidemment être ni tuteur ni pupille. S'agit-il donc de la tutelle légitime des fils impubères du captif? Mais ces fils, du jour où leur père est tombé au pouvoir des ennemis, sont devenus *sui juris*, et dès ce jour ils ont eu pour tuteur leur plus proche agnat: tout cela se produit sans qu'on ait besoin de recourir à la loi Cornelia. Où donc trouver l'application du texte de Paul? M. Demangeat donne l'explication suivante: la dévolution est de principe en matière de tutelle légitime pour le cas où le premier agnat viendrait à mourir ou à être *capite minutus*; mais quand le premier agnat est captif, la *spes Postliminii* tenant ses droits en suspens, au lieu d'un tuteur légitime qui serait l'agnat le plus proche en degré après lui, c'est un tuteur Atilien qu'on donne à l'enfant impubère: or, si nous admettons que, par erreur ou par toute autre raison, cet agnat le plus proche s'est emparé de la tutelle, il faudra dire que la loi Cornelia confirmera cette tutelle légitime. A cela nous répondons que même si la loi Cornelia n'existait pas, le tuteur captif serait par sa mort chez l'ennemi considéré comme esclave, c'est-à-dire *capite minutus*, du jour de sa captivité; si donc le second agnat s'était emparé de la tutelle, cette usurpation se trouverait confirmée par cela seul que le *Postliminium* ne pourrait pas s'exercer. Mais, tout en repoussant cette explication, nous avouons n'en avoir aucune autre plus satisfaisante à donner, et ne pouvoir découvrir l'application du texte de Paul.

V. *Substitution pupillaire.* — La substitution pupillaire est une institution d'héritier que le père de famille fait pour son fils impubère, en prévision du cas où celui-ci lui ayant survécu, viendrait ensuite à mourir encore impubère, par conséquent incapable de tester. Elle est placée secondairement sous une institution principale, car le chef de famille ne peut la faire que comme accessoire de son propre testament. Quel sera le sort de cette substitution pupillaire faite par un *paterfamilias* qui tombe ensuite au pouvoir des ennemis? L'idée générale est que la loi Cornelia confirme le testament du père en entier et que le fils impubère mourant après son père décédé en captivité, comme ce dernier est réputé mort au jour où il a été fait prisonnier, la substitution produira son effet. Tel est l'avis de Papinien (Loi 10, princ., D., *De Captiv.*). Ce jurisconsulte condamne l'opinion de ceux qui prétendaient que la substitution était nulle et que la succession légitime était ouverte, parce que le fils, étant devenu *sui juris* du vivant de son père, n'était plus en sa puissance à la mort de ce père : « *Hujus sententiæ refragatur juris ratio* », dit Papinien. C'est aussi l'avis de Julien (Loi 28 in princ., D., *De vulg. et pupil., substit.*, l. XXVIII. t. 6). La loi Cornelia, dit-il, s'applique non-seulement à la succession du testateur, mais à toutes celles qu'aurait réglées son testament s'il n'avait pas été fait captif. Si donc un père de famille qui a laissé son fils impubère dans sa patrie, meurt chez l'ennemi, et que ce fils vienne lui-même à décéder sans avoir atteint la puberté, sa succession sera recueillie par le substitué, comme si le père n'avait pas été fait prisonnier.

Nous devons appliquer la même décision et par le même motif si le père est encore vivant chez l'ennemi au moment de la mort du fils dans sa patrie, et meurt ensuite captif. C'est encore Papinien qui nous le dit dans la loi 11, princ. D., *De Captiv.* : « *Nihil est quod de secundis tabulis tractari possit,* » c'est-à-dire qu'à l'instant du décès du fils impubère, on ne peut savoir quel sera le sort de la substitution pupillaire, car on ignore si le père captif reviendra et la fera tomber par le *Postliminium,* ou si au contraire il mourra en captivité et la rendra ainsi valable. Telle était la règle pour la substitution pupillaire faite par un captif avant sa captivité pour son fils impubère.

Supposons maintenant que c'est le fils impubère qui est fait captif et meurt chez l'ennemi. La substitution pupillaire sera-t-elle valable ? D'abord il est évident qu'elle ne le sera pas si le fils est fait prisonnier du vivant de son père, car la loi Cornelia le répute mort avant son père, par conséquent mort *filiusfamilias,* ne pouvant avoir ni biens, ni hérédité, ni héritier : la succession du père sera donc déférée, dit Julien, à son plus proche agnat, en vertu de la loi des Douze Tables, (Loi 28 *ni fine*, D., *De vulg. et pupil. subst.* L. XXVIII. t. 6.). Mais si le fils a été fait prisonnier et est mort chez l'ennemi après le décès du père, la loi Cornelia sera-t-elle applicable ? La question était controversée chez les Romains. Les uns prétendaient que ce n'était pas le cas d'appliquer la loi Cornelia parce qu'elle n'avait été introduite que pour confirmer le testament de ceux qui avaient la *testamenti factio* au jour de leur captivité. Les autres, et parmi eux Papinien, répondaient : il est bien certain que l'hérédité légitime du captif impubère est déférée *ex lege Cornelia,* et pourtant il n'avait pas la *testamenti factio.* Il n'est donc pas inconséquent que le préteur obéisse à la volonté du père autant qu'à celle de la loi, et donne un substitué les actions utiles pour obtenir l'hérédité (Loi 10, § 1, D., *De Captiv.*). C'est cette dernière opinion qui a prévalu, mais non commode, ainsi que nous l'a dit Julien (Loi 28, D., *De vulg. et pupil. substit.*).

Nous venons de voir quel serait le sort de la substitution pupillaire faite par un père tombé depuis en captivité ou pour un fils captif, mais qu'arriverait-il s'ils étaient tous les deux captifs et mouraient tous deux chez l'ennemi? Écartons d'abord le cas où le père et le fils ont été faits captifs en même temps, et celui où le père l'a été fait après le fils; il est certain qu'alors la substitution pupillaire n'aura pas d'effet, puisque le fils n'a jamais eu de bien et par conséquent ne pourra pas laisser d'hérédité. Pour que la substitution soit valable il faudrait que le fils revînt seul et mourût impubère. Il faut supposer que le fils impubère a été fait prisonnier après son père: alors la captivité de son père l'a rendu *sui juris* puisque ce dernier est regardé comme mort, et il a pu recueillir l'hérédité paternelle. Si donc il tombe lui-même au pouvoir des ennemis, avant sa puberté, la substitution pupillaire laissée par son père s'ouvrira. Telle est l'opinion de Papinien (Loi 11, § 1, D., *De Captiv.*): « *Sed si ambo apud hostes, et prior pater decedat : sufficiat lex Cornelia substituto non alias, quam si apud hostes patre defuncto, postea filius in civitate decessisset.* » Scévola ne partage pas cet avis : il pense que dans le cas où le père et le fils captifs meurent chez l'ennemi, bien que le père décède le premier, la loi Cornelia ne s'applique pas à la substitution pupillaire, à moins que le fils ne revienne dans sa patrie et n'y meure encore impubère; pourtant si tous deux étaient morts *in civitate*, la substitution vaudrait (Loi 20, D., *De vulg. et pupil. substit.*).

C'est, croyons-nous, l'opinion de Papinien qu'il faut adopter ; d'abord, l'autorité de ce jurisconsulte est supérieure à celle de Scevola ; en outre, ce dernier était antérieur à Papinien son disciple : il nous fait simplement connaître la doctrine qui était suivie à son époque, et le texte de Papinien nous montre que cette doctrine n'a pas prévalu. Nous retrouvons d'ailleurs des traces de controverses sur notre matière de la substitution dans la loi du 10 princ., et § 1. (D., *De captiv.*), dont l'auteur est également Papinien. Toutes ces controverses proviennent toujours de ce que la loi Cornelia n'a pas prévu textuellement la matière de la substitution pupillaire.

§ 5. *Institution d'héritier.*

Il ne s'agit plus ici de la *testamenti factio activa*, mais de la *testamenti factio passiva*, c'est-à-dire la capacité de recevoir par testament. Gaius (Loi 32, § 1. D., *De hered. instituend.*, l. XXVIII. 1. 5), nous dit que le captif peut être valablement institué héritier : « *Is qui apud hostes est, recte heres instituitur.* » Et cela est conforme au principe que nous connaissons que tout ce qui consiste dans la jouissance des droits est en suspens pour le captif et lui sera acquis s'il revient. C'est aussi le motif que donne Gaius : « *Quia jure Postliminii omnia jura civitatis in personam ejus in suspenso retinentur, non abrumpuntur.* » Si donc le captif parvient à s'échapper, il pourra faire adition de l'hérédité à laquelle il a été appelé. La fin de la même loi prévoit l'hypothèse où ce serait l'esclave du captif qui aurait été institué héritier : cette institution sera valable, et si le captif revient, il pourra donner l'ordre à son esclave de faire adition ; si au contraire il meurt chez l'ennemi, son héritier pourra profiter de la succession par l'intermédiaire de l'esclave.

Si un père de famille a un fils captif, il doit dans son testament l'instituer ou l'exhéréder ; autrement ce testament, valable tant que le fils demeure en captivité, est rompu par son retour : « *Dum apud hostes est filius, pater jure freti testamentum, et recte cum prætereit : cum si in potestate esset filius nihil editurum esset testamentum* » (Loi 31, D., *De lib. et posth. hered. instit., l. XXVIII, t. 2*).

Il résulte de deux rescrits des empereurs Dioclétien et Maximien (Loi 9 et loi 14, C., *De Postl.*), que les mêmes règles s'appliquent aux legs et aux successions *ab intestat.*

§ 6. *Attribution au captif ou à ses héritiers des augmentations survenues à son patrimoine pendant sa captivité.*

Nous avons vu quand, comment et à qui l'hérédité du captif est déférée. C'est la loi 22, § 1 D., *De Capti.*), qui nous apprend de quoi se composera cette hérédité. Elle comprendra tous les biens que la fiction du *Postliminium* aurait rendus au captif lui-même s'il était revenu. Ainsi, tous les biens que ses esclaves auront acquis par stipulation, tous ceux qui leur auront été légués (loi 1, eod. tit.), sans compter les biens qu'il a laissés à son départ, lui seront rendus en cas de retour, et, s'il ne revient pas, c'est son héritier *ex lege Cornelia* qui les recueillera. Si aucun héritier ne se présente, c'est au fisc qu'ils appartiendront comme biens vacants (Loi 96, § 1, D., *De Leg.*, l. XXX, t. l). De même, si l'esclave a été institué héritier par un tiers, il pourra faire adition par l'ordre de l'héritier du captif.

Si le *paterfamilias* captif rentre dans sa patrie, il aura droit indistinctement à toutes les acquisitions faites par ses esclaves et par ses fils, car ces derniers seront censés être toujours restés *filiifamilias*; il n'y a donc qu'à appliquer la règle générale qui veut que tout ce qu'un fils acquière soit pour son père. Mais au cas où le *paterfamilias* meurt en captivité, il faut noter une différence remarquable qui sépare la position des fils de celle des esclaves. Ceux-ci n'ont jamais cessé d'être esclaves : ils n'ont fait que changer de maître. Les acquisitions qu'ils ont pu faire ne leur appartiendront donc jamais ; elles seront recueillies par leur nouveau maître, c'est-à-dire par l'héritier du captif. Au contraire, les fils sont devenus *sui juris* du jour où leur père est tombé en captivité ; c'est la loi Cornelia qui le veut ainsi. Les biens qu'ils auront acquis leur demeureront donc propres ; s'ils meurent eux-mêmes alors que leur père est encore vivant, ces biens passeront à l'héritier de leur père (Loi 22, § 2, D., *De Captiv.*).

Toutes les stipulations faites par les esclaves ou par les fils du captif lui profiteront s'il revient, avons-nous dit. Il faut apporter une exception à cette règle : la sti-

pulation faite *nominativement* par le fils ou l'esclave
sera nulle, et cela, parce que le captif est considéré
comme mort avant que la stipulation ait eu lieu ; or,
l'esclave n'a pu stipuler pour celui qui avait cessé
d'être son maître, ni le fils pour celui sous la puissance
duquel il n'était plus. La stipulation aurait été valable,
au contraire, si elle avait été faite *simpliciter* : faite
par l'esclave, elle aurait profité à l'hérédité jacente :
faite par le fils, celui-ci devenu *sui juris* du jour de la
captivité de son père en aurait bénéficié (Loi 18, § 2,
De Stip. serv., L. XLV, t. 0); et, dans ce dernier cas,
le fils mourrait pendant la captivité et avant le décès
de son père, le profit de la stipulation appartiendrait
non pas à l'héritier du père, mais à celui du fils (Loi 0
in fine, D., *De Cost. pract.*, L. XLIX, t. 17.)

Enfin Cujas nous fait remarquer que la stipulation,
sans avoir été faite *nominativement* pour le captif ou
simpliciter, peut avoir été faite pendant la captivité
pour l'hérédité ; ici encore la stipulation du fils doit
être séparée de celle de l'esclave. Le premier n'a pas
agi valablement, ne pouvant stipuler pour autrui ; la
stipulation faite par le second aura tout son effet et
profitera à l'héritier.

Au lieu d'une stipulation, supposons une acceptilation faite par le *servus captivi*. Cette acceptilation
vaudra-t-elle quoiqu'il arrive? La loi 11, § 3, D., *De
Acceptil.*, L. XLVI, t. 4, ne répond que pour le cas où
le captif rentre dans sa patrie : « *Sed etsi dominus
apud hostes sit, discendum est jure postliminii con-
firmari acceptilationem : nam et stipul. et et qui apud
hostes est, servus potest.* » Le texte ne dit pas que
l'esclave du captif peut faire une stipulation en géné-

ral, mais qu'il peut stipuler *et qui apud hostes est*. Il faut donc supposer que l'esclave a stipulé nominativement pour son maître captif. Si celui-ci revient, venons-nous de voir, la stipulation sera valable; s'il ne revient pas, elle s'évanouira. Cela dit, il est évident qu'il faut supposer l'acceptilation faite dans la même forme : « *Quod Titius tibi debet, acceptumne habes?* » En pareil cas, il faut dire que si le maître meurt chez l'ennemi, cette acceptilation ne vaudra rien ; au contraire, s'il revient, elle sera valable. La loi 11, § 3, ne prévoit que l'hypothèse du retour du captif; supposons qu'il n'est pas revenu. L'esclave qui *rogat acceptum* voudrait faire cette acceptilation valable quoi qu'il arrive. Le peut-il ? Oui, et voici comment : on peut dire que la mort du captif survenant chez l'ennemi vient montrer qu'il y avait une hérédité ouverte depuis le jour de la captivité. L'esclave du captif se trouve donc dans la même position que l'esclave héréditaire. Or, celui-ci peut *rogare acceptum hereditati* (Loi 11, § 2, eod. tit.). Le *servus captivi* doit donc pouvoir aussi faire une acceptilation qui sera valable quand même le maître ne reviendra pas. Il emploiera probablement les termes suivants : « *Quod dominus meus promisit*, ou bien : *Quod debet dominus meus aut hereditas ejus, acceptumne habes?* » Il ne faut donc pas conclure de la loi 11, § 3, que l'acceptilation ne vaut que quand le maître revient[1].

Ce n'est pas seulement par ses fils et ses esclaves que le *paterfamilias* acquiert la propriété, mais aussi par l'esclave dont il n'a que l'usufruit. L'esclave d'au-

---

[1] M. Accarias à son cours (année 1875-1876).

trait ou l'homme libre qu'il possède de bonne foi, et, avant Justinien, par la femme *in manu* et l'homme libre *in mancipio* (Instit., l. II, t. 12, princ. — Ulp., Reg., t. 19, § 18).

Examinons maintenant le cas où le captif est un fils de famille ayant testé sur son pécule *castrens*. Ce pécule se composait de tout ce que le fils de famille avait pu acquérir *occasione militiæ*, et qu'il n'aurait point acquis sans la qualité de militaire. Pour exprimer les droits du fils sur les biens ainsi acquis on dit qu'à leur égard il est réputé *paterfamilias* (L. 2, D. *De senat. cons. Maced.*, l. XIV, t. 6). Pourtant dans le principe le fils ne pouvait pas tester *de peculio castrensi*; ce soldat qui vivait comme un père de famille, mourait fils de famille et son pécule se confondait dans le patrimoine paternel, selon les mêmes règles qu'un pécule ordinaire. Adrien concéda au fils de famille le droit de tester *de peculio castrensi*, mais sans lui reconnaître la capacité de laisser une hérédité *ab intestat*. Donc, avait-il testé, l'institué, que ce fut son père ou un tiers, recueillait le pécule *jure hereditario*; n'avait-il pas testé, le pécule passait toujours au père, mais *jure peculii* (L. 2, D., *De pecul. castr.*, l. XLIX, t. 17). Justinien décida que le pécule *castrens* du fils de famille mort intestat n'appartiendrait plus à ses ascendants qu'à défaut de descendants et de frères et sœurs, mais qu'alors il leur appartiendrait *jure communi* (Instit. l. II, t. 12, princ.). Sans vouloir examiner la controverse qui s'est élevée sur le sens de ces mots *jure communi*, disons en passant qu'à notre avis ils signifient *per droit héréditaire* et non pas *per droit de pécule*, car il serait difficile d'admettre que si le fils laisse un enfant ou un frère il aura une succession légitime, et que s'il ne laisse que des ascendants il n'aura plus de succession. C'est ce que fait remarquer M. Accarias (t. I, p. 663, note 1).

A l'imitation du pécule castrens fut créé le pécule *quasi-castrens* pour les fils de famille qui occupaient un office ou un emploi dans le palais de l'empereur (*palatini*) ; il comprenait soit les économies qu'ils avaient pu réaliser sur leur traitement, soit les dons à eux faits par le prince. Plus tard les avocats et finalement sous Justinien tous les fonctionnaires rétribués par l'État purent avoir un pécule quasi-castrens (Loi 37, princ., C., *De inof. test.*, l. III, t. 28). Le nom même de ce pécule indique qu'en principe il était soumis aux mêmes règles que le pécule castrens. Une seule différence l'on séparait dans le droit classique, c'est que le fils de famille ne pouvait pas en disposer par testament, si ce n'est dans quelques cas exceptionnels. Mais Justinien le lui permit d'une manière générale (*Instit.*, l. II, t. 11, § 6). Une modification bien plus importante, apportée aux droits du père sur les biens de son fils, consista dans la création du pécule *adventice*; il se composait d'abord de la succession maternelle (Loi 1, C., *De bon. mat.*, l. VI, t. 60), puis de toutes les successions des ascendants maternels, et enfin sous Justinien de tous les biens qui ne sont ni *castrensia* ni *quasi-castrensia* et que l'enfant ne doit pas à la libéralité de son père (Loi 6, C., *De bon. quæ liber. in potest.*, l. VI, t. 61). On opposait ces biens aux biens *profectices* qui venaient au fils de son père. Le fils avait la nue-propriété des biens adventices et le père en avait la jouissance ; c'était le contraire de ce qui avait lieu pour les pécules castrens et quasi-castrens.

Supposons donc que le fils de famille captif a testé sur son pécule castrens. Ne faudra-t-il pas encore restreindre les droits de l'héritier institué ? Quels seront les droits du père qui recueillera le pécule en cas de répudiation de l'héritier institué ? Il pouvait arriver qu'un esclave du pécule stipulât *simpliciter* entre le décès du fils de famille chez l'ennemi et l'adition d'hérédité. Quel sera le sort de cette stipulation ? Il y a controverse à cet égard. Il faut distinguer deux hypothèses :

1° L'héritier institué par le fils de famille fait adition. — La stipulation faite par l'esclave sera-t-elle valable ? Non en principe ; tel est l'avis de Papinien (Loi 18, princ., D., *De stip. serv.*, l. XLV, t. 3). De ce que le fils de famille a institué un héritier il ne résulte pas qu'il ait dès maintenant une hérédité. Les constitutions impériales ont pour objet de permettre au fils de famille de tester sur son pécule, mais ce privilège n'existe qu'autant que l'adition vient confirmer le testament. Cependant Papinien lui-même apporte un tempérament à cette solution : un esclave appartenant en commun à Mœvius et à un pécule castrens stipule après la mort du fils de famille militaire, et avant que l'héritier ait fait adition. La stipulation sera nulle pour le pécule et celui qui le recueillera et elle profitera en entier à Mœvius, en vertu du principe que la stipulation faite par un esclave ayant plusieurs maîtres, quand elle est nulle à l'égard de l'un d'eux profite aux autres pour la totalité. Il n'en est pas de même dans l'espèce que prévoit Papinien dans la loi 14, § 1 (D. *De Castr. pecul.*, l. XLIX, t. 17) ; l'esclave qui a stipulé appar-

tenait en entier au pécule castrense; si l'héritier institué fait adition, l'esclave aura été esclave héréditaire
au jour où il a stipulé; la validité de la stipulation sera
donc en suspens jusqu'à ce que l'héritier ait pris
parti;

2° L'héritier institué renonce à la succession. —
La stipulation faite par l'esclave du pécule est nulle
et c'est le père qui reprend le pécule. C'est la même
loi 11, § 1 qui nous l'apprend: « *quod servus interim
stipulatus est, aditâ ... hereditate,* » et le motif,
c'est que l'esclave n'a pas pu acquérir pour le père qui
n'était pas encore son maître. Papinien a semblé, il est
vrai, se contredire quand il ajoute qu'à cause de la
conventio paterna, il est porté à penser que dans le
cas où, en vertu du droit ancien, le pécule reste au pouvoir du père, les profits résultant de la stipulation sont
également acquis au père. Il faut voir là, comme l'enseigne Cujas, une addition faite par Ulpien au texte
de Papinien. Et en effet la loi 33 princ. D., *De acquir.
rer. dom.*, l. XLI, t. 1, nous prouve qu'Ulpien était
d'un avis contraire à celui de Papinien. Il se demande
quelle est la personne qui valide la stipulation faite
par l'esclave du pécule, et décide que si la succession a été acceptée, il faut considérer la personne de
l'esclave héréditaire, et celle du père dans le cas contraire.

Quant aux legs qui sont faits à l'esclave du pécule
pendant la captivité du fils de famille, ils appartiendront soit à l'héritier faisant adition, soit au père re-
cueillant le pécule (Loi 11, § 2, D., *De Castr. pecul.*,
l. XLIX, t. 17).

§ 7. Possession. — L'inscription.

On appelle possession l'exercice du droit de propriété. Elle implique deux éléments, l'un corporel (*corpus* ou *factum*), l'autre intellectuel (*animus domini, animus rem sibi habendi*). Elle est protégée par le préteur au moyen des interdits et constitue un véritable droit. Cependant plusieurs textes la considèrent comme *res facti, non juris* (Loi 1, § 3 et § 4, D., *De acquir. vel amitt. posses.*, l. XLI, t. 2.) Ils font simplement allusion à la nécessité de l'élément corporel soit pour acquérir, soit pour conserver la possession. Mais ils n'entendent pas nier qu'elle constitue un droit. Aussi, au lieu de la qualifier absolument *res facti*, est-il plus exact de dire avec Papinien qu'elle contient *plurimam facti* (Loi 49, D., *Ex quib. caus. maj.*, l. IV, t. 6; et tel est bien aussi le point de vue de Constantin parlant d'un *jus possessionis* (ad 10, C., *De acquir. et retin. posses.*, l. VII, t. 32). Papinien (Loi 49, princ., et § 1, D., *De acquir. vel amitt. posses.*) dit également qu'elle emprunte beaucoup *ex jure* et qu'elle n'est pas seulement *res corporis* mais *res juris*[1].

Telle était la véritable possession, il est bien évident que ceux qui ont l'*animus* sans le *corpus*, comme ceux qui ont le *corpus* sans l'*animus*, ne possèdent pas. La captivité interrompt donc la possession, car le captif perd le *corpus* quoiqu'il conserve l'*animus* : « *neque enim possit evidenti aliquid possidere, quum ipsi ab*

[1] Voyez M. Accarias, t. 1, p. 152, note 1.

alia possideantur (Loi 24, § 1, eod. tit.). On peut citer aussi la loi 23, § 1 (D., *Ex quib. caus. maj.*, l. IV, t. 6), et la loi 51, § 1 D., *De acquir. rer. domin.*, l. XLI, t. 1). Le *Postliminium* lui-même ne lui rendra pas la possession, parce que la cessation de la possession est un fait et que le *Postliminium* ne s'applique pas aux faits (Loi 19, D., *Ex quib. caus. maj.* — Loi 118, D., *De reg. jur.*, l. L, t. 17). Et à notre titre, Tryphoninus (Loi 11, § 2, D., *De Captiv.*) nous dit : « *Facti enim causa infecta nulla constitutione fieri possunt.* » En conséquence l'usucapion est interrompue sur les choses que le captif possédait par lui-même (Loi 11, loi 15, D., *De usurp. et usuc.*, l. XLI, t. 3), et si recouvrant sa liberté, il reprend la possession de l'objet qu'il était en train d'usucaper, il devra recommencer une usucapion nouvelle, dans les mêmes conditions que s'il n'avait jamais possédé. Cette interruption de l'usucapion par la cessation de la possession est le seul que connaisse le droit classique.

On oppose à cette solution qu'une succession vacante continue l'usucapion commencée par le défunt et peut l'accomplir en entier avant qu'il y ait eu addition d'hérédité (Loi 30, princ., D., *Ex quib. caus maj.* — Loi 2, §§ 18 et 19, et loi 6, § 2, D., *Pro empt.*, l. XLI, t. 4). Or, pendant la jacence de l'hérédité, les choses antérieurement possédées par le défunt n'ont été possédées par personne (Loi 1, § 15, D., *Si is qui test.*, l. XLVII, t. 4). Donc, dit-on, on peut soutenir par analogie qu'un captif peut continuer et achever une usucapion. À cela nous répondons que c'est en vertu d'une règle toute spéciale qu'une succession peut usucaper : « *hereditas defuncti personam sustinet* ». L'hérédité est censée avoir possédé pendant tout l'intervalle écoulé entre le décès du défunt et l'entrée en possession de l'héritier. Et ainsi disparaît en droit la solution de continuité qui en fait sépare les deux possessions. C'est là une sorte de privilège établi par la loi et rien n'autorise l'extension qu'on veut en faire. D'ailleurs on comprend très-bien la dérogation admise par la loi : le cas de mort avant la fin d'une usucapion se présente très-fréquemment, tandis que le cas de captivité est beaucoup plus rare.

Le captif de retour n'est pas non plus réputé avoir possédé dans le passé les choses dont ses fils ou ses esclaves ne seraient entrés en possession que pendant sa captivité et pour une cause étrangère au pécule (Loi 45, § 7, D., *De usurp. et usuc.*, l. XLI, t. 3). Si le captif ne revient pas, le fils aura possédé ou usucapé pour lui-même ; quant à la possession par l'esclave elle servira à l'héritier du captif *ex lege Cornelia*.

Une exception était admise pour les choses acquises à titre de pécule par le fils de famille ou par l'esclave. Il n'était pas absolument nécessaire pour l'acquisition de la possession que l'*animus* et le *corpus* fussent réunis chez la même personne. On pouvait devenir possesseur en empruntant le *corpus* d'autrui, mais il fallait que l'*animus* fût personnel. On avait apporté à cette règle une dérogation commandée par des motifs d'utilité pratique : le *paterfamilias* acquérait la possession même à son insu par les personnes placées en sa puissance et qui se trouvaient à la tête d'un pécule, toutes les fois qu'elles appréhendaient une chose *ex causa peculiari* (Loi 1, § 5, D., *De acquir. vel amitt. posses.*). La dérogation consiste non-seulement en ce

qu'ayant constitué le pécule, le *paterfamilias* a par
cela même manifesté une volonté générale de posséder
ex causa peculiari, mais en ce qu'il emprunte véritablement l'*animus* de son esclave ou de son fils (Loi 3,
§ 12., eod. tit.) Il suit de là que le père de famille,
malgré sa captivité, acquiert *ex causa peculiari* par
son fils ou son esclave, et pourtant il n'a plus aucun
animus dont la loi puisse lui tenir compte (Loi 11, § 7,
D., *De usurp. et usuc.*, déjà citée). De même l'usucapion peut s'accomplir à l'insu du captif (Loi 29, D.,
De Captiv.). Tel est du moins l'avis de Julien, et cet
avis prévalut contre celui de Marcellus, ainsi que nous
l'apprend Tryphoninus (Loi 12, § 2, eod. tit.). Le motif
de cette remarquable dérogation au droit commun
« *jus singulare* » nous est donné par Papinien (Loi
11, § 1, D., *De acquir. vel amit. posses.*). C'est, dit-il,
pour éviter au maître l'obligation de s'enquérir con-
tinuellement de l'origine et de la composition du pécule : « *Ne cogerentur domini per momenta species
et causas peculiorum inquirere.* »

L'usucapion est donc tenue en suspens par la captivité ; en cas de retour du captif, elle pourra être con-
tinuée par lui si elle n'est que commencée ; il pourra
l'invoquer si elle est achevée (Loi 2, § 11, D., *Pro
empt.*, l. XLI. 4. 4.). Mais si le captif meurt *apud hostes*,
son héritier pourra-t-il profiter de l'usucapion commencée par lui ? Oui, car il continue la possession commencée par le captif qui, en vertu de la fiction de la loi
Cornelia, est censé être mort au moment où il a été
fait prisonnier ; le captif peut être regardé comme se
survivant à lui-même ; son héritier pourra donc invoquer sa possession. Telle est l'opinion nettement ex-

primée par Paul adoptant celle de Marcellus (Loi 15, princ., D., *De usurp. et usuc.*)

Nous pouvons en nous résumant poser les règles suivantes : 1° L'usucapion des biens acquis *ex ea causa peculiari*, pendant la captivité du *paterfamilias*, par ses fils ou ses esclaves, ne peut s'accomplir à son profit au cas où il reviendrait ; 2° La possession que le captif pouvait conserver sans même en avoir connaissance, c'est-à-dire la possession par le fils ou par l'esclave *ex causa peculiari*, est maintenue ; 3° Si le captif meurt chez l'ennemi, le fils aura possédé et usucapé pour lui-même, « *quia tempora capteivitatis ex die qua captior morti jungerentur* » (Loi 11, § 7, *in fine*, D., *De usurp. et usuc.*) ; l'esclave au contraire aura possédé et usucapé pour l'hérédité jacente, et c'est l'héritier qui fera adition de cette hérédité qui en recueillera le bénéfice.

Quant aux biens que le captif possédait au jour où il a été fait prisonnier, comment et par qui seront-ils administrés ? On nommait ordinairement un curateur au captif ou à ses biens. La loi 7, § 1 (D. *De fid. et vis tion.*, l. XXVII, t. 3, nous parle d'un curateur donné aux biens du captif et ayant pouvoir de défendre pour lui à une action. De même la loi 15, princ. et § 1 (D., *Ex quib. caus. maj.*) promet au captif le secours de la *restitutio in integrum*, alors même qu'un curateur lui aurait été donné, *ut plerumque*, comme cela arrive ordinairement (De même, loi 6, § 2, D., *Quib. ex caus. in poss.*, l. XLII, t. 4. — loi 3, C., *De Post.* Ce curateur devra gérer les biens laissés par le captif à son départ. Il pourra aussi demander la *bonorum possessio* (Loi 3, § 7, D., *De bon. poss.*, l. XXXVII, t. 1) : mais comme elle sera *decretalis*, c'est-à-dire déférée par un décret du préteur, le captif pourra encore la demander à son retour, et cette fois elle sera *edictalis*, c'est-à-dire déférée en vertu d'une disposition générale de l'édit (Loi 1, § 11, D., *Unde cognati.*, l. XXXVIII, t. 8.) Il n'en est pas de même de l'adition d'une hérédité : « *per curatorem hereditatem adquiri non posse*, » nous dit la loi 00, princ. (D., *De acquir. vel omit. hered.*, l. XXIX, t. 2).

Tel était l'effet de la captivité sur la possession qui existait au profit du captif au moment où il était fait prisonnier. Mais il pouvait se faire que l'usucapion accomplie par les fils ou les esclaves du *paterfamilias* captif et dont celui-ci profitait à son retour sous les conditions que nous venons d'étudier, produisît des résultats injustes. Cela arrivait dans le cas où le captif n'ayant pas de représentant et ses esclaves ayant acquis *a non domino*, le propriétaire n'avait pu intenter sa revendication contre personne en temps utile. C'était en effet un principe de la procédure romaine que le propriétaire ne pouvait pas poursuivre un absent. Il n'y avait pas d'instance par défaut. Si donc celui que le demandeur voulait appeler *in jus* était absent, qu'il n'y eut pas de *procurator* et que personne ne se présentât pour défendre en son nom en donnant la caution *ratam rem dominum habiturum* (Loi 1, § 1, D., *De quib. caus. maj.*), la *vocatio in jus* ne pouvait pas avoir lieu et l'organisation de l'instance était impossible. Le seul remède apporté à cet inconvénient, c'était l'envoi en possession des biens de l'absent à titre de garantie *missio in possessionem custodiæ causa*.

C'est pour réparer l'injustice d'une telle usucapion

que le préteur inventa l'*action réelle rescisoire* (*Institut.*, l. IV, t. 6, § 5) : « Si quelqu'un étant absent pour la République ou en captivité chez l'ennemi, dit Justinien, a usucapé la chose appartenant à un propriétaire resté dans la cité, il est permis à celui-ci, dans l'année du retour de celui qui a usucapé, de revendiquer la chose en faisant rescinder l'usucapion, c'est-à-dire en disant que cette usucapion n'a pas eu lieu et que, par conséquent, la chose est restée sienne. » L'hypothèse n'est pas bien posée par Justinien. Il suppose que l'absent a usucapé la chose d'une personne présente et qu'il avait une juste cause d'absence. Cette condition est absolument inutile, et même plus la cause sera injuste, plus l'usucapion sera facilement rescindable. Cette application de l'action réelle rescisoire est véritablement devenue inutile dans le droit de Justinien. D'après une constitution de cet empereur, lorsque le possesseur qui se trouve *in causa usucapiendi* est absent, ou que, pour une autre cause, il n'est pas possible de l'actionner, le propriétaire peut « *adire præsidem provinciæ vel libellum et porrigere* ». Il lui suffit d'exposer ainsi sa réclamation pour obtenir « *plenissimam interruptionem* ». A défaut du président de la province, le propriétaire peut également s'adresser à l'évêque ou au *defensor civitatis* (Loi 2, C., *De An-nal. except.*, l. VII, t. 40).

Mais si l'action réelle rescisoire a cessé d'être applicable dans cette hypothèse, elle l'est toujours dans le cas où un tiers a usucapé la chose d'un individu absent *reipublicæ causa*, pour une juste cause, ou parce qu'il est en captivité chez l'ennemi. Le préteur, prenant en considération l'impossibilité de défendre ses droits dans

laquelle le propriétaire a été par suite de son absence,
peut venir à son secours de trois manières : 1° il peut
lui permettre de revendiquer la chose *rescissa usucapione*, comme si l'usucapion n'avait pas été accomplie
contre lui ; 2° si l'ex-propriétaire se trouve en possession, le préteur peut lui accorder une exception à
l'effet de paralyser la revendication dirigée contre lui
(Loi 28, § 5, D., *Ex quib. caus. maj.*) ; 3° l'ex-propriétaire qui a autrefois reçu la chose *ex justa causa*
exerçant l'action publicienne contre celui qui a usuca-
capé, le préteur peut rescinder l'exception *justi do-
minii* que voudrait invoquer le défendeur (Loi 57, D.,
Mandati, l. XVII, t. 1), Justinien a oublié de parler,
dans les *Institutes*, de cette seconde application de
l'action réelle rescisoire.

Cette action dérive toujours d'une *restitutio in integrum*, et l'absent dépouillé de sa chose ou le présent
dépouillé par l'absent demanderont une *in integrum
restitutio*. Le préteur examinera s'ils y ont droit, car
c'est un principe que la *restitutio in integrum* ne peut
être accordée sans que le préteur ait pris connaissance
de l'affaire : « *Omnes in integrum restitutiones, causa
cognita, a prætore promittuntur.* » (Loi 3, D., *De
in integ. restit.*, l. IV, t. 1.)

L'action réelle rescisoire doit toujours être intentée
par l'ex-propriétaire dans le délai d'un an. L'action
publicienne, dit Paul (Loi 35, princ., D., *De obliq. et
action.*, l. XLIV, t. 7), est perpétuelle, quand elle est
donnée à l'exemple de la revendication, mais quand
elle est donnée « *rescissa usucapione* », elle expire au
bout d'un an, parce qu'alors elle est contraire au droit
civil. On s'est fondé sur ce texte pour donner le nom

de *publicienne* ou quelquefois de *contre-publicienne* à
l'action que nous avons appelée action réelle possessoire.
C'est à tort : il n'existe en droit romain aucune action
contre publicienne, et il n'y a d'autre action publicienne que celle dont parlent les *Institutes* L. IV, t. 6,
§ 4. Sous Justinien, l'année utile est remplacée par
quatre années continues qui commencent à courir à
l'époque du retour de l'absent (Loi 7, C., *De temp. in
integ. restit.*, L. II, t. 1, 53.)

Cette faculté qu'a le captif d'usucaper par ses esclaves est justement ce qui le distingue le plus complètement de celui qui est *in servitute*. Ce dernier, en
effet, lorsqu'il sera rendu à la liberté, recouvrera avec
elle son ingénuité et sera censé n'avoir jamais été esclave, mais il aura été l'objet d'une possession légale
et n'aura pu pendant ce temps ni posséder, ni par conséquent usucaper.

Tels sont les principaux effets du *Postliminium de
vit* et de la loi Cornelia sur les différentes matières du
droit. Nous allons maintenant étudier le *Postliminium
passif.*

CHAPITRE II

DU POSTLIMINIUM PASSIF.

Nous savons que le *Postliminium passif* est celui
qui a pour effet de faire retomber une chose prise par
l'ennemi et reprise sur lui aux mains de son ancien
propriétaire. Paul le définit : « *Jus amissæ rei reci-
piendæ ab extraneo et in statum pristinum resti-*

luendo. » (Loi 19, princ., D., *De Captiv.*). La chose recouvrée par son ancien maître est censé être toujours restée en sa possession, et est grevée des mêmes charges qu'avant de lui avoir été enlevée.

SECTION I. — A QUELLES CHOSES S'APPLIQUE LE POST-LIMINIUM PASSIF.

Il s'applique d'abord aux propriétés territoriales (Loi 20, § 1, D., *De Captiv.*). Reprises sur l'ennemi, elles sont rendues à leurs premiers propriétaires et ne sont pas vendues aux enchères publiques ni traitées comme butin, ainsi que le serait le territoire conquis sur l'ennemi. On peut citer à l'appui ce qui se passa lorsqu'Annibal vint camper aux portes de Rome ; les champs qu'il occupait n'étaient plus au pouvoir de leurs propriétaires ; cependant ceux-ci n'hésitèrent point à les vendre et ils ne manquèrent pas d'acheteurs, tous comptant sur la fortune de Rome. En effet, Annibal parti, les acheteurs furent reconnus propriétaires des champs qu'avait occupés le général carthaginois, et pourtant, à l'époque du contrat, les vendeurs n'avaient plus aucun droit sur eux. Mais grâce à la fiction du *Postliminium* et à son effet rétroactif, ces terres furent censées être toujours restées aux mains de leurs propriétaires, comme si jamais Annibal n'était venu dans le pays.

Le *Postliminium* s'applique encore aux vaisseaux de guerre, galères ou navires de transport, aux chevaux *freni patientes*, car ils ont pu s'échapper sans la faute des cavaliers ; mais il ne s'applique pas aux bateaux de pêche ou de plaisance, aux vêtements ni aux armes, parce qu'un soldat ne peut perdre ses armes sans déshonneur (Lois 2 et 3, D., *De Captiv.*). Quant aux esclaves, ils sont assimilés à des choses et ils redeviennent la propriété de leurs maîtres dès qu'ils ne sont plus au pouvoir de l'ennemi et qu'ils sont rentrés « *intra fines imperii.* » C'est ce que décident les empereurs Dioclétien et Maximien dans la loi 10 C., *De Postl.*). Paul, dans la loi 19, § 10 D., *De Captiv.*, dit que le *Postliminium* existe pour tout captif, homme ou femme, libre ou esclave. Le maître reprend ainsi son esclave même s'il est transfuge. « *ne contrarium jus non tam ipsi injuriosum sit, qui servus semper permanet, quam domino damnosum constituatur.* » (Loi 19, § 5, eod. tit.).

Comme pour l'application du *Postliminium* actif, nous n'avons pas à considérer la cause du retour; que les ennemis aient rendu la chose ou que son propriétaire l'ait reprise, que celui-ci l'ait rachetée ou qu'un autre l'ait rachetée pour lui, et s'il ne s'agit pas d'une chose inerte mais d'un esclave, que cet esclave se soit échappé des mains des ennemis ou qu'il ait été racheté, peu importe. Paul signale pourtant une différence entre le retour de l'esclave et celui des autres choses : la chose captive est considérée comme revenue dès qu'elle a repassé la frontière; l'esclave au contraire a beau être rentré dans Rome, du moment qu'il ne sert ni son maître, ni personne autre, « *nondum Postliminio rediisse existimandum est.* » (Loi 30, eod. tit.)

SECTION II. — EFFETS DU POSTLIMINIUM PASSIF.

Examinons d'abord rapidement quels sont les droits qui subsistent sur la chose captive pendant sa captivité.

Supposons d'abord qu'un contrat est intervenu sur une chose ou sur un esclave avant sa captivité, par exemple que l'esclave a été promis par stipulation. Si cet esclave est fait prisonnier, l'obligation subsistera ; son effet sera seulement suspendu et subordonné au retour de l'esclave. Il n'en serait pas de même si l'esclave mourait ; l'obligation serait alors complétement éteinte et ne pourrait jamais revivre (Loi 98, § 8 *in fine*, D., *De Solut.*, l. XLVI, t. 3. — Loi 55, D., *De act. empti*, l. XIX, t. 1). Dans cette dernière loi, Pomponius nous donne pour motif de sa décision que « *potius difficultatem in præstando inesse quam in natura.* » Nous pouvons supposer aussi que l'esclave a promis sur son pécule ; du jour où il tombe en captivité, il n'y a plus de pécule, pourtant l'action *de peculio*, dont est tenu le maître de l'esclave, ne s'éteindra pas à l'expiration de l'année de la captivité, comme s'il s'agissait du décès de l'esclave, mais elle subsistera tant qu'on pourra espérer le retour de l'esclave, c'est-à-dire tant qu'il vivra (Loi 2., § 1., D., *Quando de pecul.*, l. XV, t. 2).

Pendant la durée de la captivité, la chose peut être l'objet d'un contrat ou d'un acte de disposition quelconque ; elle peut être léguée (Loi 9, D., *De leg.*, l. XXX, t. 1.) Le legs alors, dit Pomponius, « *Postli-*

minil jure consistit. » Ainsi Julien (Loi 98, cod. tit.), nous dit que l'esclave captif peut être légué : « *Hoc enim jure Postliminii fit, ut quemadmodum servum heredem instituere possumus, qui in hostium potestate est, ita legare quoque eum possumus.* » L'esclave captif peut être affranchi, et cependant, nous fait remarquer Ulpien, à l'époque de la confection du testament et à celle de la mort du testateur, il n'était pas sous sa puissance (Loi 30, D., *De manum test.*, l. XL, t. 4). Il fait aussi partie de l'hérédité, et par conséquent s'il revient après la mort du testateur, il doit être compris dans le calcul de la Falcidie (Loi 48, D., *Ad leg. Falcid.* l. XXXV, t. 2).

Supposons maintenant que la chose a cessé d'être captive et voyons les droits qui compétent sur elle.

La chose captive qui revient à son maître est censée n'être jamais sortie de sa puissance; elle rentre dans l'état, dans la condition qu'elle avait au moment d'être prise. Ainsi l'ancien maître ne reprend sa chose que grévée du gage qui existait sur elle avant sa captivité. De même si un champ dont j'avais l'usufruit a été envahi par les ennemis, mon droit d'usufruit sera rétabli en vertu du *Postliminium*, lorsque le champ aura cessé d'être occupé par eux (Loi 20, D., *Quib. mod. usuf.*, l. VII, t. 4).

Si la chose qui a été prise par l'ennemi était une chose furtive, elle reprendra ce caractère. Par exemple si un esclave, que des voleurs ont enlevé à son maître, est tombé ensuite au pouvoir des Germains, et qu'après leur défaite il ait été fait prisonnier et vendu comme esclave, il ne pourra être usucapé par l'acheteur, car c'est une chose furtive, et ni le fait de sa captivité, ni celui de son retour n'a pu rien changer à son caractère (Loi 27, D., *De Captiv.*). Si la chose prise sur l'ennemi retombe en son pouvoir, puis vient à être reprise par les Romains, la revendication de l'ancien propriétaire n'est pas admise; il n'y a d'exception que pour l'individu qui, fait prisonnier dans une guerre, s'est enfui, et, la guerre recommençant, a été pris de nouveau. Dans cette hypothèse l'ancien propriétaire le recouvrera *jure Postliminii*, à moins qu'on ait stipulé la reddition des captifs, cas où son droit serait éteint. (Loi 28, eod. tit.)

Voici encore une conséquence de cette idée que la chose qui revient à son maître est supposée n'être jamais sortie de sa puissance ; c'est qu'il a sur le produit, sur l'accessoire de cette chose le même droit que sur la chose même. Par exemple, on vous a légué l'enfant à naître de Pamphile ; vous avez racheté la mère et elle accouche chez vous ; vous n'êtes pas regardé comme possédant l'enfant gratuitement, mais le juge devra fixer la valeur de l'enfant, comme si elle eût été comprise dans le prix payé pour l'achat de la mère. Si l'enfant était déjà né chez l'ennemi et qu'il soit racheté avec sa mère pour un seul et même prix, l'ancien maître doit, pour faire rentrer l'enfant en vertu du *Postliminium*, offrir cette portion du prix total qui est estimée être la valeur de l'enfant (Loi 12, § 18, eod. tit.).

Supposons enfin qu'un esclave affranchi sans condition par testament tombe captif ; la condition à laquelle était subordonné son affranchissement se réalise pendant sa captivité, puis il recouvre sa liberté. Les choses se passeront comme si cet esclave, qui était *statuliber*, était toujours resté *in civitate* ; il in-

voquera le *Postliminium* qui de passif est devenu
actif pour lui, et sa liberté rétroagira au jour de l'accomplissement de la condition ; mais si cette condition
ne s'est pas réalisée, il rentrera sous la puissance de
son ancien maître jusqu'à ce qu'elle se réalise. Si ce
statuliber passe à l'ennemi comme transfuge, il faudra
distinguer : si la condition n'était pas accomplie lors de
son retour dans sa patrie, on sauvegardera les intérêts
du maître qui recouvrera son esclave, et la condition
se réalisant alors, celui-ci deviendra réellement libre.
Si, au contraire, la condition s'est accomplie pendant
la captivité, à l'instant où il a cessé d'être l'esclave de
son maître, sa qualité de transfuge l'a empêché de devenir libre, les transfuges ne jouissant pas du *Postli-*
minium actif. L'héritier du testateur ne pourra pas non
plus le revendiquer par le *Postliminium* passif puisqu'il n'éprouve aucun préjudice (Loi 19, § 6, D., *De*
Captiv.). A qui donc appartiendra cet esclave ? Au
soldat par qui il a été pris comme butin de guerre, ou
à celui qui l'a racheté, dit Pothier. Ne doit-on pas
plutôt le considérer comme *servus pœnœ* ? Nous le
croyons, car au moment où la qualité d'esclave cesse
en lui par l'arrivée de la condition, il est saisi et arrêté
par la qualité de transfuge qui subsiste et le condamne
à l'esclavage de la peine.

CHAPITRE III.

DES CAPTIFS RACHETÉS ET DE LEUR CONDITION.

Parmi les citoyens qui tombaient au pouvoir de l'enneml, bien peu pouvaient briser leurs chaînes et invoquer le *Postliminium* en rentrant dans leur patrie. Le plus grand nombre de ceux qui revenaient dans leurs foyers étaient ou bien échangés, ou bien rachetés. Le seul fait de leur retour ne leur permettait pas alors d'exercer le *jus Postliminii* ; ils étaient dans une situation particulière que nous allons examiner.

SECTION I. — DROITS DU RÉDIMANT ET CONDITION DU RÉDIMÉ.

Le rédimant a un droit de gage sur la personne de ceux qu'il a rachetés (Loi 2, C., *De Postl.*) ; ce gage subsiste jusqu'à ce qu'il ait été désintéressé du prix qu'il a payé pour le rachat. Une condition indispensable pour que ce droit de gage existe, est donc que le rédimant ait réellement payé le prix de la rançon ; il n'y aurait lieu à aucun droit de gage si le captif avait été délivré par les soldats (Loi 12, cod. tit.) : « *Ab hostibus capti et non commercio redempti sed virtute militum nostrorum liberati, illico statum, quem captivitatis casu amiserunt, recipiunt.* » Pas de droit de gage non plus si le rachat a été fait par le père ou la mère du captif ; la loi 17 (cod. tit.) nous donne un exemple d'un rachat de cette nature : les empereurs Dioclétien et Maximien déclarent à une mère qu'il ne serait pas convenable de regretter d'avoir racheté son fils et de vouloir recouvrer la rançon qu'elle a payée « *cum hujusmodi contractus non de mercede, sed de tristitia repudianda, cogitatur.* »

Ainsi le rédimé ne reprend son ancien état qu'après

qu'il a remboursé le prix de la rançon, quand il a été payé par une personne qui ne lui était liée par aucun lien légal d'affection. Et lui seul est atteint par cette suspension de ses droits ; si, par exemple, entre le rachat et le remboursement une femme captive est devenue mère, ses enfants ne sont pas tenus comme elle au remboursement parce que le prix n'a pas été payé pour eux (Loi 8, cod. tit.).

Il ne s'agit que de procurer au rédimant une garantie pour son remboursement ; le rédimé ne conserve donc pas la position d'esclave qu'il avait chez l'ennemi. C'est ce que nous dit la loi 2 (cod. tit.) : « *Ab hostibus redempti, quoad exsolvatur pretium, magis in causam pignoris constitui, quam in servilem conditionem esse detrusi, videntur.* » Le rédimé reste libre et ingénu et quand il aura acquitté son obligation, c'est comme tel qu'il reprendra par l'effet du *Postliminium* tous ses droits restés en suspens jusque-là.

Dans la même loi 2 *in fine*, les empereurs Dioclétien et Maximien qualifient ce gage auquel est soumis le rédimé du gage *naturel*. Le rédimant peut céder ce droit de gage, en faire l'objet d'un legs (Loi 43, § 3, D. *De leg.*, l. XXX, t. 1), d'une donation entre vifs, soit à un tiers, soit au captif lui-même, et dans ce dernier cas, celui-ci se trouve libéré ; il est rendu à son ingénuité primitive et on ne pourrait l'obliger envers les enfants du rédimant à aucun des devoirs dont sont tenus les affranchis envers leurs patrons (Loi 11, C., *De Postl*). Une femme ingénue a été rachetée des ennemis ; avant le remboursement de la rançon, elle accouche d'un fils ; ce fils, quoique né du commerce de sa mère avec un esclave, suivra la condition de sa mère et sera ingénu (Loi 16, cod. tit.). Le rédimant ne doit pas abuser de son gage à peine de le perdre, ni traiter la fille rédimée comme une esclave qu'on pourrait prostituer (Loi 7, cod. tit.).

Reste à examiner l'hypothèse où ce n'est plus une personne libre qui est rachetée, mais une chose et particulièrement un esclave. Le droit du rédimant est alors plus complet : c'est un droit de propriété, mais un droit de propriété sous condition résolutoire : il s'éteindra si l'ancien propriétaire rembourse au rédimant le prix de la chose rachetée. Ce droit du rédimant existerait alors même qu'il aurait connu les droits de l'ancien propriétaire (Loi 12, § 7, D., *De Captiv.*). Le résultat sera le même, que l'esclave ait appartenu autrefois à un ou à plusieurs maîtres, pourvu que dans ce dernier cas tous soient d'accord pour rembourser au rédimant le prix payé par lui : mais si ce prix est rendu au nom d'un seul ou de quelques-uns, l'esclave appartiendra à celui ou à ceux qui auront payé, et ces derniers succéderont pour la part des autres à celui qui a racheté l'esclave (Loi 12, § 13, cod. tit.).

Nous avons supposé que le rédimant savait que l'esclave n'appartenait pas au vendeur : mais s'il est de bonne foi et croit, par erreur, acquérir l'esclave du véritable propriétaire, en sera-t-il de même, ou bien n'y aura-t-il pas à son profit une sorte d'usucapion éteignant le droit de l'ancien maître ? Telle est la question que pose Tryphoninus (Loi 12, § 8, cod. tit.) et qu'il résout en faveur du rédimant. L'objection venait de ce qu'une constitution impériale portée sur les rédimés faisait de l'esclave racheté la propriété du rédimant : or on ne peut pas usucaper sa propre chose,

Mais la constitution n'a pas voulu rendre pire la condition du rédimant; elle a voulu la rendre meilleure;
il serait donc injuste et contraire à l'esprit même de la
constitution de ne pas tenir compte du droit de l'acheteur de bonne foi, droit consacré par le temps.

L'esclave racheté pourra-t-il être affranchi par le
rédimant ? Oui, répond Tryphoninus (Lol 12, § 9, cod.
tit.), après avoir comparé cette hypothèse à celle où
l'esclave serait affranchi chez l'ennemi. Qu'arrivera-t-
il en effet si l'ancien maître n'offre jamais le prix de
l'esclave, et s'il n'est pas permis de le mettre en demeure ? Il sera libre, car priver l'esclave de sa liberté
serait inique et contraire à cette faveur que les anciens
avaient admise pour la liberté. Le rédimant pourrait
dépouiller l'ancien maître de ses droits en cédant l'esclave à un tiers de bonne foi, qui l'affranchirait après
l'usucapion accomplie; pourquoi ne le pourrait-il pas
directement par l'affranchissement ? Ce que veut la loi,
c'est que le rédimant n'éprouve aucun préjudice; c'est
pour cela que l'esclave condamné à ne pas être affranchi, ou vendu sous la condition qu'il ne le sera pas,
reste entre ses mains sans être soumis à cette peine
(Lol 12, § 10 *in fine*, cod. tit.).

Supposons qu'un *statuliber* a été fait captif et est
racheté. Si la condition est encore en suspens au moment du rachat, le rédimé reprendra sa situation antérieure à sa captivité (Lol 12, § 10, cod. tit.). Enfin, si
un esclave captif recevait la liberté par fidéicommis,
puis était racheté, il ne pourrait demander l'exécution
de ce fidéicommis qu'après avoir remboursé le rédimant (Lol 12, § 11, cod. tit.).

SECTION II. — COMMENT S'ÉTEINT LE DROIT DU RÉDIMANT.

Ce droit de gage du rédimant s'éteint de plusieurs manières :

1° *Par la restitution du prix du rachat.* — Que ce prix soit restitué au rédimant par le rédimé lui-même, ou par un tiers, il est forcé de le recevoir et de rendre le rédimé à la liberté. On facilitait d'ailleurs cette restitution autant que possible ; les empereurs Dioclétien et Maximien autorisèrent le captif à exercer ses droits sur la succession qui lui serait échue pendant qu'il était ainsi retenu comme gage, avant même de pouvoir invoquer le *Postliminium* à tous autres égards. De cette façon, il pouvait se libérer avec l'argent qu'il recueillait (Loi 15, C., *De Postl.*). C'était dans un but d'intérêt public qu'on avait accordé au rédimant ce droit au remboursement, « *communis utilitatis ratio exigit,* » pour ne pas arrêter les personnes bien intentionnées par la crainte d'une perte pécuniaire (Loi 6, cod. tit.). Mais il ne fallait pas non plus que le rédimant y trouvât l'occasion d'un enrichissement injuste : il ne devait donc jamais recevoir un prix supérieur à celui qu'il avait payé pour le rachat, et s'il avait cédé à un tiers son droit de gage pour une somme plus considérable, le cessionnaire ne pouvait jamais exiger du rédimé que le prix primitivement donné, sauf son recours contre le cédant par l'action *ex empto* (Loi 10, § 9, D., *De Captiv.*).

2° *Par la remise du prix du rachat.* — Cette remise, avons-nous vu, pouvait être faite par testament ou donation; elle pouvait aussi résulter du mariage du rédimant avec la femme ingénue qu'il avait rachetée: c'était alors une remise tacite. La dignité du mariage et le désir d'une postérité légitime brisaient le droit de gage sur cette femme et lui rendaient ses droits de naissance et d'ingénuité (Loi 13, C., *De Postl.*). De même, dit Ulpien (Loi 21, princ., D., *De Captiv.*), si un citoyen rachète à l'ennemi une femme ingénue la croyant esclave, s'il la garde chez lui pour en avoir des enfants, et qu'ensuite il l'affranchisse avec le fils qui est né d'elle, l'ignorance de ce citoyen à la fois mari et père ne peut préjudicier à l'état de ceux qu'il a paru affranchir; du moment qu'il a eu l'intention d'avoir de cette femme une postérité, l'obligation de gage qui pesait sur elle sera présumée éteinte, et dès lors, étant revenue avec le *Postliminium* libre et ingénue, elle a mis au monde un ingénu.

3° *Par la mort du rédimé.* — Telle est la décision que donne Ulpien (Loi 15, eod. tit.): « *Si pater redempto et ante luitionem defuncto, filius post mortem ejus redemptionis quantitatem offerat, dicendum est suum et posse existere.* » Le fils pourra donc invoquer la qualité d'héritier sien de son père, décédé avant le remboursement de la rançon, à condition toutefois de désintéresser le rédimant. Pourtant, ajoute Ulpien, on pourrait soutenir « *subtilius* » que la mort du rédimé éteignant le droit de gage, le saisit du *jus Postliminii*, et qu'il décède sans être astreint à aucune dette; par conséquent il pourra avoir un héritier sien. « *Quod non sine ratione dicetur,* » dit Ulpien en terminant. Cela serait logique, en effet, car le droit du rédimant est toujours limité à la personne qu'il a rachetée : il doit donc s'éteindre si cette personne cesse d'exister.

4° *Par cinq années passées par le rédimé au service du rédimant.* — C'est ce que décident les empereurs Honorius et Théodose, préoccupés de la pensée de venir en aide aux rédimés qui manqueraient d'argent pour payer leur rançon (Loi 20, C., *De Postl.*).

S'il s'agit d'un esclave et non d'un homme libre, le droit du rédimant peut s'éteindre encore par l'affranchissement de cet esclave.

Tels sont les événements qui mettent fin au droit du rédimant. L'exercice du *jus Postliminii* retardé seulement par le rachat (Loi 20, § 2, D., *De Captiv.*) est rendu alors au rédimé, et il rentre dans tous les droits qu'il possédait avant de tomber en captivité. Mais il n'en serait pas de même si le captif était racheté par un *extraneus* et non par un de ses concitoyens. Dans cette hypothèse, il resterait esclave.

DROIT CRIMINEL INTERNATIONAL

DE L'EXTRADITION

CHAPITRE PREMIER

HISTORIQUE

L'extradition est l'acte par lequel un État livre un individu prévenu d'une infraction commise hors de son territoire à un autre État qui le réclame et qui est compétent pour le juger et le punir. (*L'extradition, de extra tradere.*)

L'histoire nous montre dans les temps les plus anciens des exemples d'extradition demandée ou accomplie ; c'est ainsi qu'on voit les tribus d'Israël sommer la tribu de Benjamin de livrer les hommes de Gabaa qui s'y étaient réfugiés après avoir commis un crime : « *Tradite homines de Gabaa qui hoc flagitium perpetrarunt, et moriantur[1].* » Ainsi les Israélites livrent

[1] Lib. Judic., cap. xx, n. 12 et 13.

Samson aux Philistins [1] ; les Lacédémoniens déclarent la guerre aux Messéniens refusant de leur remettre un meurtrier [2] ; les Achéens réclament de Sparte la remise des individus qui avaient attaqué une de leurs villes [3] ; les Athéniens publient qu'ils livreront ceux qui, après avoir attenté à la vie de Philippe, se réfugieraient sur leur territoire [4]. Mais tous ces exemples prouvent que ces extraditions n'étaient jamais demandées ni obtenues sans violence. L'État requérant usait plutôt de sa force que de son droit et ces réclamations se produisaient surtout dans les cas où l'extradition est aujourd'hui interdite, pour crimes politiques. L'extradition loin d'être érigée à la hauteur d'un principe de droit international, n'était qu'un fait qui rencontrait d'ailleurs un puissant obstacle dans le droit d'asile.

Du droit d'asile. — Le droit d'asile était chez les anciens un droit sacré, qui plaçait en quelque sorte sous la main de la divinité tous ceux qui l'invoquaient. Les asiles étaient surtout attachés à un temple, à une statue, à un lieu quelconque. C'est là ce qu'on a appelé les asiles particuliers. Ce droit d'asile existait bien plus pour les malheureux que pour les coupables. Moïse avait établi trois villes qui devaient servir d'asile aux homicides involontaires [5] ; mais il ordonnait en même temps d'en arracher les assassins. Athènes comptait quatre de ces asiles ; ils étaient ouverts aux malheureux qui s'étaient sauvés d'une défaite, aux rois dé-

---

[1] Lib. judic., cap. 15, n. 12.
[2] Pausanias, liv. IV, chap. 4.
[3] Tite-Live, liv. XXXVIII, chap. 31.
[4] Diodore de Sicile, liv. XVI, chap. 43.
[5] Exod., c. 21. — Deuter., 16.

trônés, aux exilés, aux fauteurs d'attentats commis par imprudence ; c'est ce que dit le poëte Stace :

> « Huc victi bellis, patriaque a sede fugati,
> Regnorumque inopes, scelerumque errore nocentes,
> Conveniunt, pacemque rogant[1]. »

Mais ces restrictions ne furent jamais rigoureusement maintenues et ces asiles devinrent le refuge de tous les malfaiteurs, ainsi que nous l'apprend Tacite : « *Crescebat gravens per urbes licentia atque impunitas asyla statuendi ; complebantur templa pessimis servitiorum ; eodem subsidio obærati adversum creditores, suspectique capitalium criminum, receptabantur[2].* »

Les mêmes usages existaient à Rome. Les temples servirent longtemps de lieu de refuge d'abord aux esclaves maltraités par leurs maîtres[3], ensuite aux hommes libres poursuivis par une accusation, et même aux condamnés[4]. Les empereurs multiplièrent les asiles en étendant à leurs propres statues les priviléges dont étaient entourées les statues des dieux. Toutefois plusieurs restrictions furent apportées successivement à ce privilége par les empereurs Valentinien, Théodose et Arcadius[5]. Justinien revint au principe souvent invoqué et sans cesse méconnu, que les asiles

[1] Thébaïd. XII, vers. 481.
[2] Annal., lib. III, cap. 60.
[3] Instit., lib. I, tit. 8 ; — Dig., L. 2, D., *De his qui sui vel al.*; — L. 1, D., *De off. præf. urbi.*
[4] L. 28, § 7, *De Pœnis*; — L. 5, D., *De extraord. crim.*; — L. 17, § 12 et L. 10, § 1, *De ord. ed.*
[5] Code Théod., L. 1, *De his qui ad statuas confugiunt*; — ibid., L. 1, *De his qui ad eccles. confug.*; — ibid., L. 2 ; — Code, L. 1, *De his qui ad eccles. confug.*

doivent protéger les malheureux et non les coupables
et il refusa le droit d'asile aux homicides, aux adul-
tères, aux ravisseurs de jeunes filles [1].

Les siècles suivants conservèrent le principe du
droit d'asile ; les lois des Bourguignons et des Bavarois, les capitulaires de Charlemagne et de Louis le
Débonnaire reconnaissent aux lieux saints le droit
d'asile [2], et même n'y apportent aucune limite, car il
est dit dans la loi des Bavarois qu'il n'est pas de crime
si grave qui ne puisse obtenir son pardon par la
crainte de Dieu et le respect des lieux saints. Ceux
qui violaient cette immunité de l'Église, étaient punis
d'excommunication et soumis à une pénitence publique
et à une forte amende [3]. « Assurément, en face d'un
» pareil privilège, dit M. Faustin Hélie [4], il n'y avait
» plus d'autorité judiciaire, il n'y avait plus de justice ;
» mais quand on se reporte aux désordres du moyen-
» âge, à l'absurdité des preuves, à la faiblesse des
» juridictions, à l'oppression qui pesait sur les serfs,
» sur les faibles, sur les petits, livrés sans défense à
» toutes les persécutions, on est disposé à penser que
» cette institution des asiles, quels que fussent ses
» abus, a rendu autant de services à la société qu'elle
» lui a fait de mal, et a dû sauver autant d'innocents
» qu'elle a protégé de coupables. »

Mais aussitôt que l'ordre reparut dans la société du
moyen-âge, on revint aux principes de Justinien ; du
XIIIe au XVIe siècle les exceptions au droit d'asile se

[1] Nov. XVII, cap. 7.
[2] Baluze, t. II, p. 98, 231 et 384.
[3] Julius Clarus, quaest. 30, n. 1.
[4] *Traité de l'instruction criminelle*, t. II, p. 647.

multiplièrent et François I⁰ʳ et Henri II supprimèrent toute immunité pour les meurtriers et autres malfaiteurs. Dès lors la justice publique ne rencontra plus d'obstacles dans toute l'étendue du royaume. Bossuet dit éloquemment [1] : « L'autel n'est pas fait pour servir d'asile aux assassins, et l'autorité royale doit se faire sentir aux méchants quelque grands qu'ils soient. »

Indépendamment de ces asiles particuliers dont nous venons de parler, il y avait ce qu'on peut appeler des asiles généraux. Ils étaient attachés non point à un temple, à une statue, à un lieu quelconque, mais au territoire même d'une cité, d'une nation. C'est en envisageant le droit d'asile sous ce dernier aspect que l'on reconnaît qu'il a dû rendre fort rares les cas d'extradition, car ces asiles ne pouvaient concerner que les étrangers. Les poëtes nous racontent que Cadmus, Thésée, Romulus, quand ils fondèrent des villes, proclamèrent, pour y attirer des habitants, que tous les malfaiteurs poursuivis chez les peuples voisins y trouveraient un refuge et les droits de cité [2]. On ne distinguait pas entre les réfugiés; tous, opprimés et coupables, étaient protégés contre l'extradition. Quels qu'ils fussent, l'asile les recevait et les transformait [3]. C'est ainsi que les villes les plus célèbres de l'antiquité comme Athènes, Thèbes, Éphèse [4] et Rome [5] ont commencé par n'être à leur origine qu'autant d'obstacles

---

[1] *Politique tirée de l'Écriture sainte*, l. 4, prop. 7.
[2] Stace, *Thébaïd.*, 12. — Virgile, *Énéide*, 8.
[3] Voyez M. Wallon, *Du droit d'asile*, p. 2.
[4] Pausanias, I, 17; VII, 2; IX, 0.
[5] Plutarque, *Rom.*, 9. — Denys d'Halyc., II, 15.

au principe de l'extradition et de la répression des crimes. Cependant, quelque respect que Rome eut pour ses citoyens, elle consentait quelquefois à les livrer à d'autres peuples. Si un citoyen romain offensait un citoyen étranger et mettait en péril la paix avec un peuple ami, le coupable était conduit devant le tribunal des récupérateurs qui décidait s'il devait être livré au pays étranger. Dans le cas où l'offense avait eu lieu contre l'État étranger et non plus seulement envers un citoyen le coupable était toujours livré. On livrait également, ainsi que nous l'avons déjà vu [1], celui qui avait offensé un ambassadeur, le général d'armée qui avait conclu une convention non ratifiée, comme cela eut lieu dans l'affaire des Fourches Caudines, enfin un ambassadeur même qui aurait commis un crime envers l'État auprès duquel il était accrédité. Mais à part les crimes publics, on ne voit pas que les Romains aient pratiqué l'extradition.

Ce qui explique, au surplus, aussi bien que le droit d'asile l'extrême rareté des cas d'extradition dans le monde ancien, c'est l'état des mœurs de l'époque. Après la peine de mort il n'y en avait pas de plus forte que celle de l'exil. On devait donc regarder comme assez puni le coupable qui avait été forcé de quitter sa patrie ; et en effet, à peine était-il quelque crime que le bannissement volontaire ne pût expier. On comprend dès lors que la justice, satisfaite quand le coupable s'était volontairement exilé, n'étendit pas ses regards au-delà des limites du territoire, et qu'ainsi l'extradition se trouvât sans motif [2].

[1] Voy. p. 11.
[2] Voy. M. Faustin Hélie, loc. cit., p. 681.

Ces règles durent se modifier quand l'empire romain eut cessé d'occuper le monde presque entier, et que des nations nouvelles se furent formées sur ses ruines. Ces nations restèrent d'abord dans un état réciproque d'isolement hostile, et cet isolement joint à la décadence des asiles particuliers favorisa le développement du droit d'asile territorial. Ce droit d'asile ne dériva plus d'un sentiment religieux ; il prit pour base la souveraineté même du pays. La jurisprudence française admit pendant longtemps ce principe. « *Fit liber quisquis solum Galliæ cum asyli vice contigerit.* » L'étranger coupable qui se réfugiait en France était à l'abri de toute poursuite ; sa personne devenait pour ainsi dire sacrée et il ne reconnaissait que la juridiction immédiate du souverain. C'est ce que proclamait encore en 1777 au Parlement d'Aix l'avocat général de Gallissanne à propos d'un débiteur réfugié : « L'asile « est du droit des gens ; la mauvaise foi du débiteur « n'est qu'un fait particulier... Tout étranger coupable « qui se réfugie en France est à l'abri de toute pour-« suite. » Ce nouveau droit d'asile territorial était du reste fondé sur le principe de réciprocité, c'est-à-dire que l'on admettait que s'il était un État qui refusât le droit d'asile aux étrangers, tous les sujets de cet État devaient être privés à leur tour du même droit chez les autres nations [1].

Introduction du principe de l'extradition. — A mesure que les progrès de la civilisation eurent pour résultat sinon de détruire, au moins d'abaisser les

---

[1] *Journal du Palais de Provence*, t. II, § 10. — Merlin, *Quest. de dr. r Etranger*, § 2, n° 1.

barrières que les inimitiés de race et les haines nées de la conquête avaient élevées entre les nations, celles-ci, sortant de leur état d'isolement, entrèrent en relations les unes avec les autres. C'est à la suite de ces rapports internationaux que devait tôt ou tard s'établir entre elles ce lien de solidarité morale dont l'une des conséquences fut l'introduction dans le droit des gens du principe de l'extradition. On reconnut facilement en effet que l'impunité et le droit d'asile ne différaient que du plus au moins, et que la certitude de ne trouver aucun lieu sur la terre où le crime pût rester impuni serait le moyen le plus sûr de le prévenir[1]. Aussi voit-on d'assez bonne heure les gouvernements, se relâchant sur ce point d'un droit qui leur était cher, demander et accorder des extraditions. En France, les témoignages les plus anciens qui nous restent sont un traité du 4 mars 1376 entre le comte de Savoie et Charles V[2]. Dans cette convention, les parties considérant que de détestables crimes demeurent impunis par l'asile que les coupables trouvent sur le territoire soit du Dauphiné soit de la Savoie, *considerantes detestabilia crimina et actus nefarios defectu remissionis delinquentium non factæ sine correctione debita committantur*, conviennent de se remettre réciproquement à la première réquisition de part et d'autre, leurs fugitifs et leurs propres sujets qui auraient commis des crimes sur un territoire étranger, *omnes et singulos homines nostros nobis mediate vel immediate subjectos qui deliquerunt locis et terris.*

---

[1] Voy. Beccaria, *Des délits et des peines*, chap. 21.
[2] Isambert, *Collect. des lois*, t. V, p. 470.

On cite aussi une lettre du 14 septembre 1413, adressée par Charles VI au roi d'Angleterre pour demander qu'on lui remette les auteurs des troubles de Paris[1]. On ne faisait pas à cette époque la différence qu'on a faite plus tard entre les crimes ordinaires et les crimes politiques.

Ces actes en font supposer un grand nombre de la même nature. Mais ce n'est que plus tard qu'apparaissent et se multiplient les conventions générales d'extradition. La France en stipula successivement avec les Pays-Bas (ord. du 17 août 1736), avec le Wurtemberg (traités du 27 mars 1759 et du 30 décembre 1765), avec l'Autriche (traité du 6 septembre 1768), avec la Suisse (traité du 28 mai 1777), avec l'électeur de Trèves (traité du 25 juin 1778), avec l'Espagne (traités du 29 septembre 1765 et du 21 décembre 1786), avec la Sardaigne (traité du 16 juin 1782), avec le Portugal et l'Espagne (traité du 3 juillet 1783). D'autre part, le principe de réciprocité, à défaut de traités, supplée aux conventions écrites et c'est ainsi que vers la fin du XVIIIe siècle, le droit d'extradition, si longtemps combattu par les préjugés les plus tenaces qui intéressaient l'amour-propre de chaque nation à le repousser, paraît avoir fini par être universellement reconnu.

Aujourd'hui la France est liée avec presque toutes les puissances civilisées par des traités réguliers qui lui assurent, au moyen d'une procédure rapide, la reprise des malfaiteurs fugitifs. Voici la liste des pays avec lesquels la France a signé des conventions d'ex-

[1] Isambert, loc. cit., t. VII, p. 401; — Rymer, IX, 81.

tradition, ainsi que la date de ces conventions :

Autriche. — Traité du 13 novembre 1855, complété par une convention additionnelle du 12 février 1869.

Bade. — Traité du 27 juin 1844, complété par une déclaration du 17 novembre 1851 et une déclaration du 4 mars 1868.

Bavière. — Traité du 23 mars 1846, remplacé par le traité du 20 novembre 1869.

Belgique. — Traité du 22 novembre 1834, remplacé par celui du 29 avril 1869, abrogé lui-même par le traité du 15 août 1874.

Brême. — Traité du 10 juillet 1847.

Espagne. — Traité du 29 septembre 1765, remplacé par celui du 26 août 1850.

États-Unis. — Traité du 9 novembre 1843, complété par deux articles additionnels du 24 février 1845 et du 10 février 1858.

Grande-Bretagne. — Traité du 13 février 1843, remplacé par celui du 14 août 1876.

Hambourg. — Traité du 5 février 1848.

Hesse (Grand-duché de). — Traité du 29 janvier 1853.

Italie. — Traité du 23 mai 1838, remplacé par le traité du 12 mai 1870, complété lui-même par deux déclarations du 10 juillet 1873.

Lippe (Principauté de). — Traité du 11 avril 1854.

Lubeck. — Traité du 31 août 1847.

Luxembourg (Grand-duché de). — Traité du 26 septembre 1844, remplacé par le traité du 12 septembre 1875.

Mecklembourg-Schwerin (Grand-duché de). — Traité du 20 janvier 1847.

Mecklembourg-Strelitz (Grand-duché de).— Traité du 10 février 1847.

Monaco (Principauté de). — Traité du 8 juillet 1870.

Nouvelle-Grenade. — Traité du 9 avril 1850.

Oldenbourg (Grand-duché d'). — Traité du 9 mars 1847.

Pays-Bas. — Les relations de la France avec les Pays-Bas sont réglées par les quatre arrangements suivants : 1° convention du 7 novembre 1844 ; 2° déclaration du 7 novembre 1844 ; 3° convention additionnelle du 2 août 1860 ; 4° convention additionnelle du 3 août 1860.

Pérou. — Traité du 30 septembre 1874.

Portugal. — Traité du 13 juillet 1854, complété par une déclaration du 30 décembre 1872.

Prusse. — Traité du 21 juin 1845.

Saxe. — Traité du 28 avril 1850.

Suède et Norwége. — Traité du 4 juin 1869.

Suisse. — Traité du 18 juillet 1828, remplacé par le traité du 12 janvier 1870.

Vénézuéla. — Traité du 23 mars 1853.

Wurtemberg. — Traité du 25 janvier 1853.

Les seuls pays avec lesquels la France n'ait pas signé de traité d'extradition sont le Brésil, le Danemark et la Russie.

CHAPITRE II.

DE LA LÉGITIMITÉ DU DROIT D'EXTRADITION.

Il importe avant tout de ne pas confondre l'extradition avec l'expulsion. Le gouvernement qui expulse un étranger ne fait qu'user de son pouvoir de police ; aucun autre gouvernement n'est en cause ; au contraire le gouvernement qui demande une extradition entre en relations avec un autre gouvernement et celui-ci, en l'accordant, se rend auxiliaire de la justice criminelle d'un autre État.

Le pouvoir d'extradition est consacré dans la législation française par les principes du droit international qui y sont admis sans contestation, par la disposition du Code d'instruction criminelle qui suppose que le gouvernement français peut même obtenir l'extradition d'un étranger auteur ou complice de certains crimes (article 9), par le décret impérial du 23 octobre 1811 qui a posé certaines règles pour la forme des extraditions demandées au gouvernement français, par les divers traités d'extradition intervenus entre la France et la plupart des pays étrangers, enfin par les nombreux actes du gouvernement et de l'autorité judiciaire qui ont opéré ou jugé légales des extraditions requises ou obtenues. Aujourd'hui surtout qu'avec la rapidité toujours croissante des communications un coupable peut se trouver en quelques heures hors de France, la justice perdrait toute sanction s'il ne s'établissait pas entre les gouvernements un système d'action commune et

de garantie réciproque contre les malfaiteurs. « Les
« chemins de fer deviendraient leurs complices, disait
« M. Jules Favre à la séance du Corps législatif du
« 28 février 1866, s'il n'était pas possible qu'au point
« même où ils les déposent, la justice sociale pût in-
« tervenir pour les rendre à la juridiction qui doit
« prononcer sur leur sort. »

L'extradition est donc une des nécessités les plus
impérieuses des sociétés civilisées. Elles ont toutes un
intérêt de premier ordre à prévenir le mal, à le réprimer quand il se produit et pour cela à saisir et à châtier
son auteur.

Maintenant l'extradition se justifie-t-elle en droit?
Oui, quoi qu'on ait prétendu le contraire en disant que
l'État réclamant ne pouvait pas faire acte d'autorité
sur un territoire étranger, et que l'État requis n'avait
pas à sévir contre un individu qui n'avait pas manqué
à ses lois. Dans un mémoire couronné par la Faculté
de droit de Paris[1], M. Sapey a écrit ce qui suit : « Il y
« a, en effet, une espèce de solidarité entre les nations
« civilisées; et, tout en reconnaissant que la juridic-
« tion de chacune d'elles ne pouvait dépasser ses
« frontières, elles ont cru cependant se devoir les unes
« aux autres de ne pas protéger de l'inviolabilité de
« leur territoire les coupables qui y cherchent un asile.
« De là le droit de demander et l'usage d'accorder,
« dans certains cas, l'extradition des accusés, droit
« cruel, usage barbare que nos mœurs adoucies ont
« restreint dans les plus étroites limites. L'extradition
« ne s'accorde plus guère, aujourd'hui, que lorsqu'il

[1] *Les étrangers en France*, IIIᵉ partie, p. 200.

» s'agit de crimes qui offensent l'humanité, et dont la
» répression importe à tous les peuples. Des traités
» conclus par la France avec plusieurs autres nations
» de l'Europe en ont assuré la restriction salutaire; on
» ne la demande qu'avec répugnance, on ne l'accorde
» qu'avec regret, et l'Europe, que les commotions
» successives dont elle a été le théâtre ont rendu
» tolérante, l'a, d'un accord à peu près unanime,
» proscrite en matière politique. »

C'est, on le voit, le rétablissement de l'antique droit
d'asile que souhaite M. Supey. M. Pinheiro-Ferreira
de son côté repousse toute extradition et n'admet
qu'une poursuite contre l'accusé dans le lieu où il
s'est réfugié[1].

Ces critiques ne sont pas fondées. Comme l'extradition suppose deux termes, un gouvernement qui la
demande, et un autre gouvernement qui l'accorde,
nous examinerons la question à ce double point de
vue :

1° *Droit de l'État requérant.* — Il ne s'agit pas
pour l'État requérant de faire acte d'autorité en
dehors de son territoire, mais seulement de pourvoir
comme il peut à l'exécution d'un mandat de justice.
L'État ne peut pas arrêter directement le coupable en
pays étranger, car sa puissance expire à la frontière,
mais il ne tente pas d'exercer une action illicite sur la
souveraineté d'un autre État. Il se contente de solliciter
de la puissance limitrophe la reddition du malfaiteur,
c'est-à-dire le concours de sa police et non pas de ses
tribunaux. Il n'agit pas en vertu de sa puissance judi-

---

[1] *Cours de droit public*, t. II, p. 32 et 170.

claire, mais en vertu des principes du droit international et comme déléguant un mandat au souverain étranger, mandat purement volontaire et qui n'investit celui-ci d'aucun pouvoir de juridiction. Enfin, la situation du prévenu n'est pas changée; elle est la même que s'il n'avait pas quitté sa patrie; il sera jugé par ses juges naturels, selon les lois de son pays.

Ce qui justifie la demande du gouvernement requérant, c'est la nécessité de fortifier, dans l'intérêt de la répression de crimes, l'autorité des lois, et d'empêcher que l'espérance de l'impunité et d'un refuge contre les atteintes de la justice sociale ne l'emporte sur l'intimidation que doivent produire les peines[1]. La légitimité du droit du pays requérant se déduirait encore, selon certains publicistes, de cette considération que le fugitif, par cela seul qu'il a commis un crime, a contracté envers la société qu'il a offensée l'obligation de comparaître en justice. Or, en fuyant il manque à cette obligation. Le pays où il a porté le trouble a donc le droit d'en réclamer l'exécution[2]. Ce raisonnement ne nous semble pas bien probant. Est-il vrai que le délinquant ait contracté envers la société qu'il a offensée l'obligation de réparer le dommage qu'il a causé? « C'est là, dit M. Billot[3], une de ces
» théories commodes qui, une fois admises, permettent
» d'expliquer beaucoup de choses et qui, à de cer-
» taines époques, et notamment à la fin du siècle
» dernier, ont été fort à la mode. On ne voyait alors

[1] Voy. Beccaria, *Des délits et des peines*, § 28.
[2] Grotius, *De jure belli ac pacis*, l. II, cap. 21. — Puffendorf, liv. VIII, chap. 6, § 12. — Kluit, *De deditione profugorum*, p. 2.
[3] *Traité de l'extradition*, p. 20.

» partout que contrats sociaux. Cet engouement n'a
» pas tenu devant l'analyse et l'exacte observation des
» faits. Est-il vrai, dans le cas qui nous occupe qu'il y
» ait un contrat entre le délinquant et la société?
» Y a-t-il eu de la part du premier consentement
» exprès ou tacite, intention même de s'obliger à com-
» paraître en justice et à réparer le mal qu'il a fait?
» On ne peut de bonne foi soutenir l'affirmative. »

Quelle que soit la valeur de cet argument, le droit
de l'État requérant est certain. Le seul droit qui pût
s'y opposer ce serait celui de l'État requis. Exami-
nons-le donc.

2° *Droit de l'État requis.* — L'État auquel est
adressée une demande d'extradition a-t-il en principe
le droit de l'accorder? En d'autres termes, peut-il
légitimement arrêter le fugitif qui a cherché un refuge
sur son territoire et qui n'en a pas violé les lois? Nous
n'hésitons pas à répondre affirmativement. Chaque
nation ne peut se conduire comme si elle était isolée
et faire abstraction des rapports qui la lient à l'humanité tout entière. Or ces rapports imposent à chacune
l'obligation de concourir à tout ce qui peut tourner au
profit de la civilisation générale, par conséquent le
devoir d'assurer en tous lieux, autant que possible,
l'observation de la justice.

L'intérêt qu'a l'État requis à accorder la demande
qui lui est adressée est double : d'une part en resti-
tuant le coupable, il assure la répression d'un crime;
or un crime, en quelque endroit qu'il ait été commis,
menace l'existence de la société et par conséquent de
toute société particulière. Quoiqu'un gouvernement
soit spécialement chargé de protéger une société par-

ticulière, il est chargé aussi indirectement de protéger
l'ordre social, autant qu'il est en son pouvoir, quand il
est menacé. Or, les règles de la justice ne s'arrêtent
pas aux limites qui séparent les peuples; elles dominent toutes les nations; les crimes de droit commun
sont partout des crimes, et le trouble qu'ils ont produit n'est pas restreint au territoire sur lequel ils ont
été commis.

« On ne doit pas oublier, dit Mangin[1], qu'il existe
» pour tous les pays civilisés des principes de vie qui
» leur sont en quelque sorte communs; que ces prin-
» cipes ne peuvent être attaqués dans un État sans
» que cette atteinte se fasse plus ou moins ressentir
» dans les autres; c'est pourquoi il y a des crimes
» qui placent hors du droit des gens ceux qui s'en
» sont rendus coupables. » Les nations ont donc un
intérêt général à ce que partout l'ordre soit maintenu,
les lois respectées, la justice obéie, et c'est comme
moyen d'atteindre ce but qu'il y a lieu de reconnaître
l'extradition comme légitime.

D'autre part, outre cette solidarité morale en vertu
de laquelle tous les États civilisés se doivent mutuel-
lement non-seulement de ne pas entraver, mais encore
de favoriser le cours de la justice ordinaire, et de ne
pas couvrir le crime de l'impunité, il y a pour chacun
d'eux un intérêt plus direct à consentir l'extradition,
puisqu'il s'assure ainsi, par une juste réciprocité, un
égal concours de la part des autres nations pour l'exécution des actes de sa propre justice. En refusant
l'office qu'on sollicite de lui un État s'ôterait le droit

[1] *Traité de l'action publique*, t. I, p. 147.

d'en demander un semblable. Au contraire, en livrant un coupable qu'on lui réclame, il se réserve la faculté d'en réclamer un à son tour, de telle sorte qu'en assurant la tranquillité de son voisin, il garantit lui-même la sienne. Aussi a-t-on dit que les traités d'extradition constituaient une sorte d'assurance mutuelle contre les crimes.

Cependant, quoique l'intérêt commun des deux gouvernements ne soit pas douteux, ce ne serait pas encore une raison suffisante de reconnaître la légitimité de l'extradition, si le réfugié avait de son côté un droit rigoureux et incontestable à faire valoir contre le gouvernement qui lui a donné asile. Mais ce droit d'asile se fonde uniquement sur le secours que se doivent les hommes entre eux ; or le malheur seul a droit à cet appui et non le crime, selon la juste distinction de Cicéron[1] : « *Eorum misereri oportere qui propter fortunam, non propter malitiam, in miseriis sunt.* » Si l'on doit asile et protection à l'homme malheureux, proscrit, poursuivi par des vengeances particulières ou des passions de parti, on ne doit rien à celui qui fuit l'action régulière des lois d'un pays dont il a troublé l'ordre par un grand crime. On ne voit donc pas quel droit pourrait invoquer un malfaiteur en fuite pour contraindre une nation à le protéger contre les atteintes de la justice de son pays. En mettant le pied sur le territoire étranger il s'est mis à la disposition du souverain de ce territoire; il doit subir les conditions qui lui seront imposées. L'État qui admettrait le droit d'asile deviendrait bientôt le repaire de tous les

[1] *De inrent.*, lib. II, cap. 30.

malfaiteurs. Il constituerait un véritable danger pour les États voisins, où l'espoir de l'impunité facilement acquise augmenterait le nombre des crimes. Aussi n'y a-t-il pas de pays qui admette le droit d'asile proprement dit.

Ces principes établis, Grotius [1], et Vattel [2] enseignent que l'extradition est une mesure nécessaire, et que le souverain du territoire où le coupable s'est réfugié ne pourrait se refuser à le livrer sans se rendre complice du crime et responsable des dommages qu'il a causés. M. Faustin Hélie au contraire déclare cette doctrine visiblement erronée [3] : « Le seul refus de livrer un » coupable ne saurait d'abord établir un lien de com- » plicité avec le crime. Ensuite l'extradition cesserait » d'être légitime, si elle n'avait pas pour cause une » infraction aux lois de la justice morale. Le gouver- » nement a donc le droit d'examiner le titre et la » nature de l'accusation ; or l'examen suppose le pou- » voir de rejeter la demande. Enfin, comment conce- » voir une obligation parfaite et absolue dans une ma- » tière qui est nécessairement subordonnée aux rap- » ports des gouvernements entre eux? Tel est donc le » véritable caractère de l'extradition ; elle est un acte » de souveraineté. »

Sans doute, l'extradition est purement facultative en ce sens que le gouvernement qui l'accorde ne se rend pas l'agent de la justice étrangère dont il n'a pas d'ordres à recevoir, mais lui prête seulement assistance dans toute la plénitude de sa souveraineté et de son

[1] *De jure belli ac pacis*, lib. II. cap. 21, § 8.
[2] *Droit des gens*, liv. II, chap. 6, n° 77.
[3] *Loc. cit.*, p. 606.

libre arbitre. Elle est facultative en ce sens encore, comme l'explique très-bien Mangin [1], et comme le dit M. Faustin Hélie, que le gouvernement dont on sollicite une extradition doit examiner les motifs de cette demande dont il est le juge. D'un autre côté cependant, à un certain point de vue, la doctrine de Grotius et de Vattel n'est pas, selon nous, aussi erronée que l'affirme M. Faustin Hélie, si en disant que l'extradition est nécessaire, on entend parler seulement d'une nécessité morale fondée, ainsi que nous l'avons vu, sur les rapports qui lient chaque nation au reste de l'humanité et imposent à ce titre des devoirs réciproques à tous les États civilisés.

Le principe de l'extradition une fois démontré en droit naturel, on pouvait jusqu'en 1840, se demander si elle était légale en droit positif. C'est en se plaçant à ce point de vue qu'on a contesté au gouvernement français le droit d'accorder l'extradition. On soutenait qu'un étranger ne pouvait être conduit à la frontière s'il n'avait été reconnu coupable par jugement, soit de vagabondage en France, soit d'attentat aux personnes et aux propriétés commis à l'étranger et emportant des peines afflictives et infamantes. A l'appui de cette opinion on citait l'article 7 de la Déclaration des droits de l'homme : « Nul homme ne peut être accusé, arrêté, ni détenu, que dans les cas déterminés par la loi et selon les formes qu'elle a prescrits... » ; — l'article 16 de la Constitution de 1791 : « Tout homme quelle que soit sa place ou son emploi, autre que ceux à qui la loi donne le droit d'arrestation, qui donnera, signera,

[1] Loc. cit., p. 146.

exécutera ou fera exécuter l'ordre d'arrêter un citoyen, ou quiconque sera coupable du crime de détention arbitraire... » ; — l'article 76 de la Constitution de l'an VIII : « La maison de toute personne habitant le territoire français est un asile inviolable » ; — l'article 81 de cette même Constitution de l'an VIII qui reproduisait les dispositions de l'article 10 de la Constitution de 1791 ; — l'article 3 du Code Napoléon : « Les lois de police et de sûreté obligent tous ceux qui habitent le territoire. Les immeubles même possédés par des étrangers sont régis par la loi française » ; — l'article 272 du Code pénal : « Les individus déclarés vagabonds par jugement pourront, s'ils sont étrangers, être conduits par les ordres du gouvernement, hors du territoire du royaume » ; — l'article 13 de la loi du 3 brumaire an IV ; — l'article 4 de la Charte de 1814 ; — l'article 4 de la Charte de 1830.

De toutes les dispositions générales qui viennent d'être citées, on tirait cette conséquence qu'en l'absence d'une loi spéciale, un étranger ne pouvait être arrêté en France et conduit à la frontière par mesure administrative, en raison d'une infraction commise par lui à l'étranger. M. de Serrigny [1] repousse l'objection en disant en premier lieu que les lois protectrices de la liberté individuelle ne concernent en définitive que les seuls Français, ainsi qu'il résulte de l'ensemble de notre législation, et en second lieu que les officiers de la police judiciaire et du ministère public français n'étant pas chargés d'instruire et de poursuivre les crimes commis en pays étranger, hors les cas prévus

[1] *Traité de droit public,* p. 436.

par les articles 5 et suivants du Code d'instruction
criminelle, on ne voit pas en quelle qualité ils inter-
viendraient pour faire arrêter un individu coupable
d'un crime en pays étranger. En pareille matière il ne
s'agit pas de procurer l'exécution des relations internationales et c'est l'autorité exécutive ou administrative
qui en est seule chargée. « Il n'est pas vrai de dire,
» ajoute-t-il, qu'il y ait là une atteinte portée à la liberté
» de l'étranger, car elle est sauvegardée par les traités
» qui contiennent toujours cette clause que les pièces
» qui devront être produites à l'appui de la demande
» d'extradition sont le mandat d'arrêt décerné contre
» le prévenu ou tous autres actes ayant au moins la
» même force qu'un mandat. »

Il n'est plus besoin maintenant de recourir à cette
argumentation pour justifier le droit d'extradition. La
loi des 3-11 décembre 1849 a conféré au pouvoir exécutif le droit de contraindre un étranger à quitter le
territoire, si sa présence paraît dangereuse pour l'ordre et la sûreté publics.

*Le droit d'extradition est indépendant de l'exis-
tence d'un traité diplomatique.* — La préexistence
d'un traité diplomatique n'est pas nécessaire pour lé-
gitimer une extradition. Un gouvernement peut librement, sans texte international qui l'y oblige, livrer à
un gouvernement étranger tout malfaiteur, tout criminel qui viendrait chercher un refuge sur son territoire.
Les traités définissent les obligations réciproques des
nations et les rendent claires et précises, mais ils ne
les créent pas, ainsi que le fait remarquer M. Faustin
Hélie[1]. Dès que les magistrats et tribunaux français

[1] Loc. cit., p. 603.

sont compétents pour poursuivre et juger l'accusé, la demande d'extradition est une conséquence naturelle de la poursuite ; et dès que le gouvernement du pays où l'accusé s'est réfugié consent à le livrer au lieu de lui accorder la protection de son territoire, celui-ci ne peut exciper d'aucun droit acquis. Ainsi il a été jugé sous le gouvernement monarchique que « le droit de » livrer un étranger prévenu de crime ou de délit » dans son pays aux tribunaux de ce pays ne tire pas » son origine des traités conclus avec les puissances » étrangères, mais des droits que le roi tient de sa » naissance ; qu'il peut dès lors l'exercer sans qu'il en » résulte une atteinte à la faculté qu'il a d'accorder » protection et asile aux infortunés qui se réfugient » en France, et que l'arrestation ainsi opérée d'un » étranger sur le territoire français en vertu d'une sim- » ple ordonnance du roi prescrivant son extradition, » constitue une détention légale. » (Arrêt de la Cour de cassation du 30 juin 1827. — Affaire de la Gran- ville.)

Le principe de cette décision subsiste malgré les changements de gouvernement, car il n'est pas néces- saire que le chef du gouvernement tienne son droit de sa naissance ou d'un autre principe. Ce qui est dé- cidé par cet arrêt, c'est que le droit d'extradition ap- partient au chef de l'État, quel qu'il soit, en vertu de son droit de souveraineté, et non en vertu des traités. Au reste, le droit d'asile ne doit pas être considéré comme un droit personnel aux fugitifs, mais comme un effet des droits respectifs de souveraineté qui cesse, par conséquent, par la réunion de deux territoires dans la même souveraineté (Arrêt de la Cour de cassation du 11 juin 1808. — Affaire Odoul). Il n'y a pas à opposer à cette décision que la réunion de deux territoires ne peut avoir un effet rétroactif, car le fugitif n'avait aucun droit d'échapper à la poursuite et à la peine ; il était seulement protégé de fait par la séparation des territoires. Cette protection doit donc cesser avec la séparation.

Les traités ne font donc que régler l'exercice du droit d'extradition qui en est indépendant. C'est ce qui a été décidé par un arrêt de la Cour d'assises de la Seine du 15 décembre 1846 (affaire Davin). Ainsi nous n'avons pas de traité d'extradition avec la Russie, cependant il intervient avec elle des extraditions ; il faut seulement pour chacune un traité spécial.

Mais de ce que l'extradition peut s'exécuter entre divers États alors même qu'ils ne sont liés par aucun traité, il ne s'en suit pas, cela est bien évident, qu'un État soit tenu d'accorder une extradition en l'absence de tout traité. C'est une conséquence directe de ce que l'extradition n'est jamais que le résultat d'un contrat entre deux gouvernements. Pour qu'un contrat soit valable il faut en thèse générale que le consentement des deux parties soit libre. L'État requis figurant à la convention comme partie contractante, n'est donc pas soumis à l'obligation préexistante d'accorder l'extradition demandée. Il a le droit dans ce cas de se décider d'après telles ou telles circonstances.

Une remarquable question s'est élevée à ce sujet en 1818 entre les États-Unis et l'Angleterre, à propos du vaisseau la *Créole*. Ce vaisseau transportait un planteur américain avec ses esclaves au nombre de cent trente-cinq. Ces esclaves se révoltèrent, tuèrent le planteur, enchaînèrent le capitaine, et maîtres du bâtiment, abordèrent à un port anglais. Le gouverneur fit arrêter dix-sept des esclaves les plus compromis et fit mettre les autres en liberté. Alors fut agitée la question de savoir si l'Angleterre devait aux États-Unis l'extradition des coupables. Lord Brougham soutint devant le Parlement : 1° Que le gouvernement anglais n'avait pas le droit de livrer les esclaves fugitifs qui devenaient libres par le seul fait qu'ils avaient touché le sol anglais ; 2° que relativement à ceux qui étaient accusés d'homicide et de révolte, le gouvernement n'était tenu à les rendre qu'en vertu des traités. Or, le traité de 1791 entre la Grande-Bretagne et les États-Unis étant expiré, il n'y avait plus lieu de l'appliquer.

Le ministre des affaires étrangères refusa l'extradition et mit les coupables en liberté.

M. Wheaton[1] et M. de Cussy[2] attaquent cette décision comme contraire au droit. Elle nous semble pourtant très-correcte et conforme aux principes qui régissent la matière. D'abord, pour ce qui est des esclaves fugitifs non coupables d'assassinat, nulle difficulté. Tout le débat porte sur les auteurs du crime. Or, n'est-il pas évident qu'un gouvernement n'est tenu à l'extradition qu'en vertu des traités ? Autrement, à quoi serviraient les traités d'extradition ? La convention entre les États-Unis et la Grande-Bretagne étant expirée, le gouvernement anglais n'était pas légalement obligé à livrer les esclaves. Mais l'était-il au moins moralement ? Pas davantage. En effet, un gouvernement ne

[1] *Histoire du progrès du droit des gens.*
[2] *Phases du droit maritime.*

se doit à lui-même, et à la société en général, de priver un réfugié du droit d'asile qu'il est venu chercher sur son territoire, que lorsqu'en le livrant il a des raisons de compter pour lui sur une justice exacte et impartiale, et sur sa mise en liberté au cas où il serait reconnu non coupable. Or, dans le cas qui nous occupe, le gouvernement des États-Unis n'offrait aucune garantie d'une semblable justice; pour l'Angleterre ces esclaves étaient des hommes; pour les États-Unis ils étaient des choses. Les remettre aux États-Unis c'était les livrer, non pas à la justice, mais à la barbarie. L'équité défendait donc l'extradition. Sans doute il est regrettable qu'un crime reste impuni, mais ce résultat était inévitable, car ces criminels n'étaient pas justiciables des tribunaux anglais, et la seule loi qui pût les atteindre était celle des États-Unis. Par conséquent la conduite qu'a tenue l'Angleterre nous paraît absolument inattaquable.

L'extradition est donc un acte libre de souveraineté qui dépend du plein pouvoir du gouvernement; celui-ci peut l'accorder, même sans traité, s'il le juge convenable; mais il ne saurait y être forcé.

Remarquons, en terminant sur ce point, que, en ce qui concerne la France, selon Mangin[1] et MM. Ortolan et Ledeau[2], le gouvernement de Juillet aurait déclaré en 1831 que jamais il n'accorderait ni ne solliciterait d'extradition. On ajoute même que le gouvernement aurait notifié à la Confédération suisse sa renonciation à la disposition des traités relatifs à l'extradition.

[1] Loc. cit., p. 144.
[2] *Traité du ministère public*, p. 231 en note.

Mais comme le fait observer M. Fœlix [1], il est certain que ces déclarations, si elles ont été faites, n'ont pas eu de suite, puisque d'un côté on voit depuis cette époque le gouvernement français, non-seulement réclamer et accorder des extraditions, mais encore conclure chaque jour de nouveaux traités à ce sujet.

Ajoutons enfin que la légalité d'une extradition est indépendante de la bonne ou mauvaise conduite de l'accusé dans le pays où il s'est réfugié; l'existence d'une convention entre deux gouvernements qu'elle intéresse suffit pour justifier cette mesure. C'est ce qu'a décidé un arrêt de la Cour de cassation du 18 décembre 1858 (affaire Pascal).

CHAPITRE III.

DES PERSONNES AUXQUELLES S'APPLIQUE L'EXTRADITION.

En principe, toute personne est passible d'extradition. Deux observations doivent être faites en ce qui concerne les esclaves et les réfugiés volontaires.

1. *Des esclaves.* — Les États esclavagistes se livrent réciproquement les esclaves fugitifs ; mais la question devient très-délicate, ainsi que nous venons de le voir, lorsqu'il s'agit de deux États qui ne suivent pas les mêmes principes à cet égard. Il faut admettre qu'une puissance ne reconnaissant pas l'esclavage ne doit pas

[1] *Droit international,* t. II, n° 573.

livrer à un État esclavagiste un esclave auquel on ne pourrait reprocher que sa fuite; car, en touchant le pays de refuge, cet esclave est devenu libre. On a vu cependant des États esclavagistes imposer à des États abolitionnistes des conventions relatives à la remise des esclaves; par exemple, le Brésil conclut le 12 octobre 1851 avec la République de l'Uruguay un traité d'extradition par lequel ce pays « reconnaît le principe » de la restitution au sujet des esclaves appartenant à » des sujets brésiliens, qui, contre la volonté de leurs » maîtres, viendraient, de quelque manière que ce » soit, sur le territoire de ladite République. » Cette clause est la reconnaissance formelle de l'esclavage faite par l'Uruguay au profit du Brésil. Une disposition semblable forme l'article 6 du traité conclu le 14 décembre 1857 entre le Brésil et la Confédération argentine. C'est là l'abandon des principes qui sont l'honneur de la civilisation moderne.

Dans le cas où l'esclave fugitif aurait commis un crime dans son pays, l'extradition ne devrait s'accomplir que si le pays requérant consentait à reconnaître dans l'inculpé un homme libre, et s'engageait à le juger en cette qualité. Or, un gouvernement esclavagiste donnera difficilement son adhésion à une pareille combinaison. Tels sont les principes auxquels nous avons vu se conformer l'Angleterre dans la question que nous venons d'examiner.

II. *Des réfugiés volontaires.* — Des jurisconsultes soutiennent que pour être passible d'extradition, l'individu réclamé doit se trouver volontairement sur le territoire du pays requis. Il en résulterait qu'un malfaiteur étranger jeté par un naufrage sur les côtes du pays requis, fait prisonnier de guerre ou livré par un gouvernement voisin, ne pourrait être l'objet d'une mesure d'extradition.

A l'appui de cette thèse, on fait observer qu'aux termes de la plupart des conventions d'extradition, les gouvernements contractants sont tenus de se livrer réciproquement les malfaiteurs *réfugiés* sur leur territoire respectif ; il n'est pas possible, ajoute-t-on, de considérer comme réfugié un individu amené sur le territoire du pays requis par une force majeure. La présence sur le sol doit s'entendre seulement d'une présence volontaire.

Nous croyons que le mot de réfugié n'avait pas dans l'esprit des négociateurs des traités le sens exclusif qu'on cherche à lui attribuer. Mais, ajoute-t-on, il a été longtemps reçu en matière criminelle que le droit de punir ne devait s'exercer que sur les malfaiteurs qui se seraient volontairement placés sous l'application de la loi violée par eux. On cite à ce sujet un arrêté consulaire de l'an VIII rendant à la liberté des émigrés évadés du château de Ham et rejetés par la tempête sur les côtes de France. La même théorie reparaît chez les commentateurs de l'ancien article 7 du Code d'instruction criminelle. D'après cet article, tout Français qui s'était rendu coupable à l'étranger d'un crime contre un Français pouvait, *à son retour en France*, y être poursuivi et jugé sous certaines conditions. Carnot[1], Bourguignon[2], Mangin[3], M. Faustin

[1] *De l'instruction criminelle*, t. I, p. 124.
[2] *Jurisprudence des cours criminelles*, t. I, p. 78.
[3] *Loc. cit.*, p. 128.

Hélie[1], admettent qu'il s'agit ici d'un retour volontaire.

L'article 7 du Code d'instruction criminelle a été abrogé par la loi du 27 juin 1866 et remplacé par une disposition qui forme aujourd'hui l'article 5. On y lit encore : « En cas de crime ou de délit commis contre un particulier français ou étranger, aucune poursuite n'a lieu *avant le retour de l'inculpé en France.* » Rien dans l'exposé des motifs de la loi de 1866, ni dans la discussion de cette loi devant les deux Chambres, n'indique si ces derniers mots doivent s'entendre d'un retour volontaire. Il n'en est rien, croyons-nous. « En
« matière d'extradition, dit M. Billot[2], il s'agit d'un
« acte de souveraineté par lequel le pays requis doit
« livrer à une justice étrangère compétente une per-
« sonne qui cherche à s'y soustraire. Le pays requis
« est-il souverain? La justice du pays requérant
« est-elle compétente? Voilà les principales questions
« qui se posent. Peu importe pour leur solution que la
« présence de l'individu réclamé soit volontaire ou
« non; l'extradition est légitime dans les deux cas. »

DE LA NATIONALITÉ DE L'INDIVIDU RÉCLAMÉ

L'individu réclamé peut être le sujet soit de l'État requérant, soit de l'État requis, soit d'un État tiers.

[1] Loc. cit., p. 629.
[2] Loc. cit., p. 63.

§ Ier.

*L'individu réclamé est le sujet de l'État requé-
rant.* — La France demande à un État étranger
l'extradition d'un Français. C'est l'hypothèse la plus
fréquente et celle où l'extradition se comprend le
mieux. L'extradition suppose ordinairement un fait
commis sur le territoire de l'État requérant, mais il
pourrait en être autrement à cause du caractère personnel de la loi pénale. Nous n'hésitons pas en effet à
condamner l'opinion qui consiste à regarder la loi
pénale comme doublement territoriale, en ce sens que
si elle s'applique à tous les faits qui se sont passés sur
le territoire, elle ne s'applique qu'à ces faits et que
tous ceux qui se sont passés en dehors y échappent.

On invoque pour ce système une raison de souveraineté et une raison de compétence. La souveraineté,
dit-on, expire à la frontière et elle ne peut réprimer
des faits qui ont été commis là où elle n'existe pas.
Autrement on pourrait se trouver soumis à deux législations peut-être contradictoires, à deux juridictions,
exposé à deux condamnations ce qui serait contraire à
l'équité. De plus les juges naturels d'une infraction
sont ceux du lieu où cette infraction a été commise.
Eux seuls peuvent procurer une justice prompte,
efficace, exemplaire ; eux seuls ont les moyens d'action
contre les coupables. C'est là où la loi a été violée que
le châtiment doit intervenir.

Ces raisons sont loin d'être décisives. Il ne s'agit
pas de faire acte de souveraineté sur le territoire

étranger. Sans doute le Français qui a commis un crime à l'étranger est soumis à la loi du pays dont il a troublé l'ordre, mais qu'est-ce qui empêche qu'il soit en même temps soumis à la loi française? Il n'y aura pas double peine, car si la juridiction étrangère a statué, sa décision devra être acceptée par la juridiction française, et il n'y aura plus lieu à aucune demande d'extradition. Enfin, ceux qui soutiennent la territorialité absolue de la loi pénale sont forcés d'admettre qu'au cas où ce Français qui a commis un crime à l'étranger est parvenu à échapper aux poursuites de la juridiction du pays étranger et s'est réfugié en France, il ne jouira pas de l'impunité, ce qui serait par trop choquant, et qu'en pareil cas il faudra le livrer à la justice étrangère. Mais cela est contraire à tous les principes, car nous verrons tout à l'heure que s'il est une règle de droit des gens universellement reconnue, c'est celle qui défend de livrer les nationaux. Il faut donc accepter toutes les conséquences de la territorialité; or, ce système aboutirait à un véritable scandale. Ne vaut-il pas mieux reconnaître que l'État a le droit de punir ses nationaux pour les infractions commises par eux hors du territoire, et par conséquent peut demander pour ces faits leur extradition [1]?

C'est ce principe de la personnalité de la loi pénale qui est consacré par la loi du 27 juin 1866 dont l'article 2 est ainsi conçu : « Tout Français qui, hors du » territoire de la France, s'est rendu coupable d'un » crime puni par la loi française, peut être poursuivi

[1] M. Renault à son cours (année 1875-1876).

» et jugé en France. » Ainsi pas de difficulté aujour-
d'hui : la France peut demander l'extradition d'un
individu prévenu d'avoir commis un crime à l'é-
tranger. Les traités les plus récents sont conçus dans
ce sens.

§ 2.

L'individu réclamé est le sujet de l'État requis. —
C'est un Français qui après avoir commis un crime en
Belgique s'est réfugié en France. La Belgique pourra-
t-elle obtenir son extradition ? A ne considérer que le
droit des gens, l'affirmative ne serait pas douteuse, car
la punition des grands coupables importe à tous les
gouvernements et les intérêts de leurs sujets respectifs
sont subordonnés aux intérêts de la société en général,
comme le fait remarquer Mangin [1]. Mais il y a là une
question de liberté individuelle autre que celle qui
pouvait résulter autrefois du droit d'asile, et qui ne
peut être tranchée qu'en vertu d'un droit de souveraineté sur les personnes admis par la loi constitution-
nelle. Aussi c'est un principe universellement admis
que l'extradition ne peut jamais s'appliquer aux nationaux de la puissance qui l'accorde. Chaque État en
effet a des devoirs envers ses membres ; il doit les
protéger et les défendre ; il doit veiller à ce que les
droits et les privilèges qu'il leur reconnaît leur soient
assurés. Sans doute un coupable doit être puni, mais
le citoyen auquel on appliquerait l'extradition trouve-

[1] Loc. cit. p. 183.

rait-il devant les tribunaux étrangers toutes les garanties qu'il trouve devant ceux de son pays, et ne
serait-il pas à craindre que la justice étrangère ne se
montrât trop rigoureuse à son égard? Les lois et les
institutions ne sont pas arrivées chez tous les peuples
à un égal degré de perfectionnement. Chez certaines
nations on rencontre encore des procédures étranges,
des pénalités barbares, une organisation judiciaire
défectueuse. Il n'est pas admissible qu'un État plus
civilisé livre un de ses nationaux à l'application d'un
système pénal de cette nature. Il ne faudrait pourtant
pas pousser ces idées à leurs dernières conséquences,
car alors elles conduiraient à la négation de l'extradition. Si la justice étrangère laissait autant à désirer,
il ne faudrait lui livrer personne. De plus la protection qu'un gouvernement doit à ses sujets ne doit
pas avoir pour résultat de les soustraire au châtiment
qu'ils ont mérité, mais seulement de leur assurer
bonne justice.

M. Faustin Hélie [1] donne un autre motif de la règle
qui défend à un État d'extrader ses nationaux :
« L'extradition, dit-il, n'a plus de motif à leur égard ;
» si un État est tenu en général de livrer les malfai-
» teurs étrangers, c'est qu'il n'a sur eux aucune
» action, et que, sans cette extradition, les crimes de-
» meureraient impunis. Mais quand il s'agit de ses pro-
» pres sujets le gouvernement n'est plus désarmé. Ses
» tribunaux sont compétents pour connaître des crimes
» que ses sujets auraient commis en pays étranger,
» même contre des étrangers. » Cette assertion est

[1] Loc. cit., p. 660.

exacte aujourd'hui depuis la loi du 27 juin 1866 en vertu de laquelle les tribunaux français peuvent être saisis des infractions dont les nationaux se rendent coupables à l'étranger, sans qu'il y ait à distinguer selon la nationalité de la victime du crime ; mais elle était erronnée en 1846, époque où écrivait M. Faustin Hélie. Les articles 5 et 7 du Code d'instruction criminelle de 1808 parlent seulement des crimes commis par un Français soit contre la sûreté de l'État, soit contre un Français ; mais il n'y est pas question des crimes commis à l'étranger par un Français contre un étranger. Cette erreur est d'autant plus remarquable que M. Faustin Hélie dit lui-même[1] : « Le premier » soin de l'instruction doit être de constater la natio- » nalité de la victime ; » et[2] : « Lorsqu'il est constaté » que le prévenu et le plaignant sont tous deux Fran- » çais, la juridiction française devient compétente. » Elle ne l'est donc pas lorsque le plaignant est étranger.

C'est là la raison qui a déterminé le décret de 23 octobre 1811 et non pas, comme le soutient Mangin[3], la prétention d'exercer la plénitude de souveraineté qu'avait le monarque dans l'ancien régime. Deux Français qui avaient commis un assassinat en Italie s'étaient réfugiés en France. Le Code d'instruction criminelle de 1808 ne permettait pas de les poursui- vre. Le fait attira l'attention de l'empereur qui rendit un décret très-important dont voici les termes : « Napoléon, sur le rapport de notre grand juge, mi-

[1] Loc. cit., p. 615.
[2] Loc. cit., p. 113.
[3] Loc. cit., p. 104.

» nistre de la justice, ayant pour objet de faire statuer
» sur le cas où un Français se serait réfugié en France
» après avoir commis un crime sur le territoire d'une
» puissance étrangère, vu les articles 5 et 7 du Code
» d'instruction criminelle, considérant que dans la
» question présentée il ne s'agit que de crimes com-
» mis par un Français hors de France et contre des
» étrangers ; que le Français prévenu d'un tel crime
» ne peut, lorsqu'il s'est réfugié en France, être livré,
» poursuivi et jugé en pays étranger que sur la de-
» mande d'extradition qui nous serait faite par le gou-
» vernement qui se prétend offensé ; que si, d'un côté,
» il est de notre justice de ne pas apporter d'obstacles
» à la punition du crime, lors même qu'il ne blesse ni
» nous ni nos sujets ; d'un autre côté, la protection
» que nous leur devons ne nous permet pas de les li-
» vrer à une juridiction étrangère sans de graves et
» de légitimes motifs, reconnus et jugés tels par
» nous : Article 1er. — Toute demande en extradition
» faite par un gouvernement étranger contre un de
» nos sujets prévenu d'avoir commis un crime contre
» des étrangers sur le territoire de ce gouvernement,
» nous sera soumise par notre grand juge, ministre
» de la justice, pour y être par nous statué ainsi qu'il
» appartiendra. »

Ce décret, provoqué par l'insuffisance des articles 5
et 7 du Code d'instruction criminelle n'a jamais été
exécuté. Le gouvernement après avoir proclamé, en
droit, que les citoyens français pourraient être livrés
à la justice étrangère, a reculé, en fait, devant l'exercice d'une telle faculté. M. Faustin Hélie ajoute que le
décret de 1811 paraît avoir été abrogé par l'article de

la Charte de 1814 qui porte que nul ne peut être distrait de ses juges naturels; il en donne pour preuve que toutes les conventions d'extradition passées depuis cette époque avec les puissances étrangères disposent que les gouvernements contractants s'engagent à se livrer réciproquement les individus réfugiés sur leurs territoires *à l'exception de leurs nationaux*; il cite notamment les traités du 22 novembre 1831 avec la Belgique, 23 mai 1838 avec la Sardaigne, 21 juin 1845 avec la Prusse, 25 mars 1846 avec la Bavière.

MM. Rauter[1] et Serrigny[2] admettent également que le décret 23 octobre 1811 a été tacitement abrogé par l'article 4 de la Charte de 1814 portant que les Français ne peuvent être poursuivis ni arrêtés *que dans les cas prévus par la loi*. Or, disent ces auteurs, aucune loi n'autorise l'extradition d'un Français. Cet argument nous paraît reposer sur une pétition de principe, car la question est précisément de savoir si le décret impérial qui autorise l'extradition n'est pas une loi encore en vigueur. Nous pensons avec la plupart des criminalistes, MM. Bourguignon[3], Carnot[4], Legraverend[5], Mangin, etc., que le décret de 1811 a conservé toute son autorité sous la Charte de 1814.

Ce dernier auteur soutient à son tour[6] que ce décret a été abrogé par la Charte de 1830. Les raisons qu'il en donne c'est que le préambule de la Charte de 1814 a été supprimé et que l'ordre de successibilité au trône

[1] *Traité du droit criminel*, t. I, n° 55.
[2] *Traité du droit public*, t. I, p. 439.
[3] *Jurisprudence des cours criminelles*, t. I, p. 76.
[4] *De l'instruction criminelle*, t. I, p. 124.
[5] *Législation criminelle*, t. I, chap. 1, p. 113 et suiv.
[6] Loc. cit., p. 155.

établi par la loi salique a été interrompu, que le chef du gouvernement ne tient son droit que de la constitution de 1830 et que tous les droits que cette constitution ne lui confère pas demeurent dans le domaine de la loi. L'article 4 de la Charte de 1830, garantissant la liberté individuelle, n'est point modifié par le droit de souveraineté qui vivait dans la personne de nos rois ; ce droit est éteint, un simple contrat le remplace ; ses stipulations ne peuvent être étendues au profit du pouvoir.

Ces raisons ne nous semblent pas convaincantes : nous avons vu que le décret de 1811 avait pour principe non pas le droit absolu de souveraineté du chef de l'État, mais la nécessité de suppléer à l'insuffisance du Code d'instruction criminelle. S'il a gardé son autorité après 18.4, ce n'est pas à cause du préambule de la Charte, mais c'est parce que toutes les lois non abrogées par une loi spéciale ou un article spécial de la Charte ont subsisté malgré le changement de gouvernement. Il en a été de même en 1830. Aussi nous partageons l'opinion de M. Lesellyer [1] qui pense que le pouvoir d'extrader les Français réclamés par le gouvernement dont ils ont violé les lois a continué d'appartenir au chef de l'État en vertu du décret de 1811 après la révolution de 1830. Cet auteur, tout en émettant cet avis ajoute qu'on doit espérer qu'une telle extradition ne sera jamais accordée.

Cette espérance a été réalisée et on peut dire que le décret de 1811, tout en nous paraissant, en principe, avoir conservé sa force, est tombé en désuétude et par

[1] *Traité de droit criminel,* n° 1043 et suiv.

le défaut d'exécution et par les nombreuses déclarations contraires du gouvernement de 1830. Nous citerons notamment la circulaire de M. Martin du Nord, garde des sceaux, en date du 5 avril 1841, qui pose comme une règle désormais absolue que les puissances ne se livrent pas leurs nationaux, et l'exposé successivement présenté à la Chambre des Députés et à la Chambre des Pairs, pour la révision de l'article 7 du Code d'instruction criminelle (Séances des 19 février 1842 et 6 février 1843).

La règle qui interdit l'extradition des nationaux a trouvé des partisans convaincus au point d'y voir un des principes de notre droit public. Voici comment s'exprimait à ce sujet un orateur du Gouvernement (M. de Parieu, vice-président du Conseil d'État), lors de la discussion de la loi du 27 juin 1866 devant le Corps législatif : « L'extradition des nationaux sup-
» pose l'abandon d'un principe qui est l'une des con-
» quêtes politiques les plus incontestables de l'esprit
» libéral depuis un demi-siècle, de ce principe qu'un
» accusé revenu dans son pays ne peut être distrait de
» ses juges naturels. C'est cette idée qu'on appellerait
» monstrueuse, si nous l'avions présentée, à savoir
» qu'un Français rentré dans sa patrie, entouré de ses
» parents, de ses amis, placé sous la présomption d'in-
» nocence et aussi sous la protection de ses antécé-
» dents, pourrait être arraché aux juges qui le con-
» naissent, sur une dénonciation venue de l'étranger,
» pourrait être enlevé à la justice de son pays et livré
» à des procédures ignorées de notre législation et
» peut-être contraires à ses principes : tout cela au
» mépris de cette garantie écrite dans plusieurs cons-

» titutions que le Français ne peut être distrait de ses
» juges naturels ! Il n'y a pas un pays en Europe qui
» ait consenti à abandonner le jugement de ses natio-
» naux revenus sur son territoire. »

Pourtant en dépit de tous les arguments et malgré la
consécration d'une jurisprudence presque universelle,
la règle qui interdit l'extradition des nationaux compte
de nombreux adversaires. Lors de la discussion de
la loi de 1866, elle eut à supporter les attaques de
jurisconsultes éloquents qui ne craignirent pas de
prédire le triomphe assuré du système contraire :
« C'est à mon sens, disait M. Jules Favre, une préoc-
» cupation étroite, mesquine de nationalité, que de
» prétendre que l'extradition ne puisse pas s'opérer
» dans de telles circonstances. L'extradition triom-
» phera, soyez-en sûrs, Messieurs ; elle sera le dernier
» mot de cette lutte entre deux principes contradic-
» toires, qui se sont longtemps combattu et finiront
» par s'entendre dans un sentiment commun de jus-
» tice. » On soutient dans ce système que l'État ne
manquerait en rien à ses devoirs de protection s'il
livrait un national à la justice étrangère. En effet, dit-
on la protection de l'État suit le national à l'étranger ;
si on admet que l'État lui doive les garanties de la
juridiction de son pays, il faut, pour être conséquent,
décider que l'État doit intervenir toutes les fois qu'un
national est traduit devant un tribunal étranger. Or
personne n'ira jusqu'à soutenir une pareille thèse qui
compromettrait les relations internationales. Il faut
donc convenir que les devoirs de protection de l'État
n'ont pas l'étendue qu'on prétend y donner.

On insiste ensuite sur l'intérêt qu'il y a pour la jus-

tice répressive à ce que le jugement et la punition du
coupable aient lieu dans l'endroit même où la faute a
été commise. En matière criminelle, dit-on, le juge
compétent est avant tout le juge du lieu de l'infraction. Nul ne conteste que la juridiction locale ne soit
compétente pour connaître des infractions commises
sur son territoire, quelle que soit d'ailleurs la nationalité du coupable. Le vrai motif du système qui
interdit l'extradition des nationaux est donc la défiance
inspirée par la justice étrangère. Or, si cette défiance
peut être légitime quand il s'agit d'une nation éloi-
gnée, régie par une organisation défectueuse, elle
ne l'est plus lorsque la question se débat entre deux
pays voisins qui ont conclu une convention d'extradition, et par là même rendu un hommage réciproque à
leur organisation administrative et judiciaire. Enfin,
en ce qui concerne la maxime de droit public que
« nul ne peut être distrait de ses juges naturels, »
elle ne constitue pas un argument solide puisqu'elle
peut être invoquée à l'appui des deux systèmes. Quel
est en effet le juge naturel ? Est-ce le juge national
compétent *ratione personæ* ? Est-ce le juge étranger compétent *ratione materiæ* ?

Ces raisons ont de la valeur, nous le reconnaissons,
mais elles nous paraissent plus spécieuses que solides.
L'État qui livrerait son national manquerait complètement, croyons-nous, à la protection qu'il lui doit ; s'il
n'a pas à intervenir quand un de ses sujets, ayant commis un crime en pays étranger, est arrêté et traduit
devant ses tribunaux, c'est que dans ce cas le juge
étranger est le plus compétent. Le seul devoir du gouvernement est alors d'empêcher que son national ne

soit victime d'une injustice flagrante. Il n'a pas à exercer d'autre protection puisque le coupable ne s'est pas réfugié sur son territoire. Sans doute le juge étranger est également compétent au cas où le coupable est parvenu à rentrer dans son pays, mais c'est alors que cette compétence se trouve en présence des devoirs de protection de l'État envers son national. Or, nous pensons qu'il n'y a pas à hésiter entre eux. Au surplus, l'extradition des nationaux n'est pas réclamée par l'intérêt de la justice répressive, car, ainsi que nous l'avons vu, la loi pénale, n'est pas seulement territoriale, elle est aussi personnelle en ce sens qu'elle suit le national à l'étranger pour le punir à son retour, s'il le mérite.

Quoi qu'il en soit, l'exception établie en faveur des nationaux a été stipulée dans toutes les conventions d'extradition conclues par la France depuis 1834. Seuls les traités signés avec la Grande-Bretagne, le 13 février 1843, et avec les États-Unis, le 9 novembre 1843, n'en font pas mention, et portent d'une manière générale que l'extradition doit s'appliquer à tous les individus accusés de... etc.

Les actes d'extradition signés avec l'Angleterre en 1870 et 1873 ne contiennent non plus aucune exception pour les nationaux. Mais jamais le gouvernement britannique, malgré les termes généraux du traité de 1843, n'a obtenu l'extradition de Français qui s'étaient rendus coupables de crimes en Angleterre. Le nouveau traité conclu avec l'Angleterre, le 14 août 1876, énonce d'ailleurs sur ce point une règle contraire à celle du traité de 1843 et se conforme au principe généralement admis. « Les nationaux respectifs, dit l'article 2, soit

d'origine, soit par l'effet de la naturalisation, sont
exceptés de l'extradition. » Si le gouvernement britannique a consenti à insérer cette clause dans ce dernier traité, ce n'est pas, ainsi que le fait remarquer
l'exposé des motifs, parce qu'il était revenu sur sa manière de voir antérieure, mais p___e qu'il a dû céder
à un usage général.

Il pourrait arriver que la nationalité fût douteuse.
C'est un des intérêts qu'il y a à déterminer la nationalité d'une personne. En France, ces questions de nationalité ne peuvent être tranchées que par les tribunaux ;
cela est important à noter, car la matière de l'extradition est considérée comme purement administrative.

La nationalité pourrait avoir changé entre l'infraction et la demande d'extradition. Les États modernes
ont, en effet, une tendance universelle à se relâcher des
rigueurs et des restrictions des anciennes lois relatives
à la naturalisation. Les délais particulièrement ont été
beaucoup diminués ; on peut aujourd'hui, dans certains
pays, passer promptement d'une nationalité à l'autre
avec une grande facilité. Prenons par exemple le cas
de mariage. Supposons qu'une femme accusée d'avoir
commis un crime en Italie se réfugie en France et
épouse un Français. Son mariage lui fait acquérir la
qualité de Française. Va-t-elle échapper à la juridiction italienne à raison de cette qualité de Française,
qui l'empêche d'être extradée et à la juridiction
française parce qu'à l'époque où elle a commis le
crime elle n'était pas Française ? Tous les traités conclus par la France sont muets sur cette question, à
l'exception d'un seul signé tout récemment ; c'est une
grave lacune de notre loi. Il y a des législations étran-

gères plus prévoyantes que la nôtre et qui emploient l'un de ces deux moyens : on peut ne pas tenir compte de l'acquisition de la nationalité et accorder l'extradition; c'est ce qui est exprimé dans certains traités, par exemple dans l'article 3 du traité du 13 novembre 1872 entre l'Angleterre et le Brésil, et dans l'article 4 du traité signé le 5 février 1873 entre l'Angleterre et l'Italie. Ce dernier est ainsi conçu : « Dans le cas où
» l'individu poursuivi ou condamné serait parvenu,
» après la perpétration du crime, à se faire naturaliser
» sujet de l'une des parties contractantes, cette natu-
» ralisation n'empêchera pas sa recherche, son arres-
» tation et son extradition. Cependant l'extradition
» pourra être refusée s'il s'est écoulé cinq années
» depuis que la naturalisation est acquise et si depuis
» ce moment l'individu réclamé est resté domicilié
» dans le pays requis. »

Tel est aussi le système consacré par le nouveau traité conclu le 14 août 1876 entre la France et l'Angleterre. C'est malheureusement le seul traité signé par la France qui contienne une clause semblable : « Si,
» dit l'art. 2, il s'agit d'une personne qui, depuis le
» crime ou le délit dont elle est accusée, ou pour
» lequel elle a été condamnée, aurait obtenu la natu-
» ralisation dans le pays requis, cette circonstance
» n'empêchera pas la recherche, l'arrestation et l'ex-
» tradition de cette personne, conformément aux sti-
» pulations du présent traité. »

Le second moyen consiste à tenir l'acquisition de la nationalité pour valable, mais en la faisant rétro-agir et en soumettant le nouveau citoyen à la justice du pays de refuge, comme s'il avait déjà acquis la natio-

nalité de ce pays, le jour où l'infraction a été commise.
C'est ce qu'admet la législation belge. L'article 10 de
la loi du 15 mars 1874 sur les extraditions est ainsi
conçu : « L'étranger qui, après avoir commis, hors du
» territoire du royaume, l'une des infractions prévues
» par l'article 1er de la loi du 30 décembre 1836 et par
» les articles 1 et 9 de la présente loi, acquerra ou
» recouvrera la qualité de Belge, pourra, s'il se trouve
» en Belgique, y être poursuivi, jugé et puni confor-
» mément aux lois du royaume dans les limites déter-
» minées par ladite loi du 30 décembre 1836. » L'article 1er de la loi du 30 décembre 1836 permet de poursuivre en Belgique tout Belge qui s'est, hors du territoire, rendu coupable d'un crime ou d'un délit contre
un Belge. Telle est aussi la règle adoptée par le nouveau Code pénal allemand de 1870. Il pose en principe
que les étrangers ne peuvent être poursuivis en Allemagne pour les faits commis par eux hors du territoire de l'empire. Seulement on pourra poursuivre
un individu pour un crime ou délit commis à l'étranger, quand il ne sera devenu Allemand que depuis
le fait consommé, c'est-à-dire qu'il ne pourra plus
être extradé et qu'il sera jugé par les tribunaux alle-
mands.

3.

L'individu réclamé est le sujet d'un État tiers. —
La France demande à la Belgique l'extradition d'un
Anglais. Cette extradition pourra-t-elle être accordée ?
Les auteurs sont partagés sur ce point. Suivant Mar-

tens[1], l'étranger ne doit être livré qu'à la nation dont il est citoyen, Kluit[2], tout en reconnaissant qu'en droit cette extradition est légitime, pense toutefois que des motifs de convenance politique doivent en général empêcher qu'elle ne s'accomplisse. Quant à M. Faustin Hélie, il est d'avis[3] que l'extradition, dans cette hypothèse, est parfaitement régulière, sauf à la subordonner dans son application aux convenances politiques et aux intérêts qui peuvent légitimement influer sur les relations internationales. C'est au fond, on le voit, l'opinion de Kluit. Telle est la doctrine que nous croyons devoir adopter sur ce point. Il est certain que le gouvernement sur le territoire duquel le crime a été commis a toujours le droit de réclamer le coupable; d'un autre côté, le gouvernement sur le territoire duquel celui-ci s'est réfugié, peut l'arrêter et le livrer à la justice étrangère sans blesser le droit de l'État dont il est le sujet. L'usage veut seulement qu'il donne avant d'accorder l'extradition, avis de l'accusation et de la demande qui lui est faite au gouvernement auquel le prévenu appartient, pour que celui-ci puisse exercer à son égard, s'il le juge convenable, une sorte de tutelle, et faire valoir ses intérêts.

Mais là s'arrêtent les droits du gouvernement auquel appartient le coupable; il ne peut en aucune façon, croyons-nous, intervenir pour interdire l'extradition, et arracher ainsi à la punition d'un crime qui ne s'est pas commis chez lui, un prévenu qui ne s'est pas non plus réfugié chez lui. « Où serait le fondement d'un tel

[1] *Droit des gens*, § 101.
[2] *De deditione profugorum*, p. 61.
[3] *Loc. cit.*, p. 672 et suiv.

» obstacle, dit M. Faustin Hélie? La nation dans le sein
» de laquelle le crime a été commis a intérêt à ce qu'il
» soit réparé ; la nation sur le territoire de laquelle le
» coupable s'est réfugié a également intérêt, d'abord à
» ce qu'il ne réside pas sur son territoire, ensuite à ce
» que le crime, dont le retentissement est venu jusqu'à
» elle, ne demeure pas impuni. Quel serait le droit du
» pays intervenant d'entraver la justice? Est-ce qu'un
» gouvernement peut prétendre couvrir tous ses natio-
» naux d'une sorte d'inviolabilité et les soustraire à
» tous les juges étrangers? Si l'étranger avait été
» arrêté sur le lieu même du crime, son gouver-
» nement aurait-il tenté de le soustraire aux pour-
» suites? Or, il importe peu qu'il s'agisse de le juger
» ou de le livrer au pays qui doit le juger; le droit
» du gouvernement ne change pas ; il ne peut ac-
» quérir plus d'étendue dans un cas que dans un
» autre. »

On peut objecter que l'extradition, n'ayant pas ici
pour résultat de renvoyer le malfaiteur devant les
juges de son pays, mais devant les juges étrangers
qui peuvent ne pas lui offrir les mêmes garanties, est
en elle-même injuste. Nous répondons que l'État auquel
appartient le coupable, n'offrant pas de le juger et se
contentant d'interdire son extradition, c'est-à-dire exigeant pour lui l'impunité, il faut choisir entre cette
impunité, évidemment scandaleuse, et le renvoi du
coupable devant les tribunaux d'un pays étranger qui
ne le jugeront peut-être pas avec toute l'impartialité
qu'il eût trouvée dans son pays, mais qui, en définitive,
ne feront que lui appliquer la loi. Or, le choix ne nous
paraît pas difficile à faire.

Mais la question changerait de face si le gouvernement dont le prévenu est le sujet offrait de le juger en vertu du principe qui rend les citoyens de chaque pays responsables, devant la juridiction nationale, des crimes qu'ils ont commis sur un territoire étranger. Nous nous séparons ici de l'opinion de M. Faustin Hélie qui pense que, dans l'hypothèse où le criminel est à la fois réclamé par le gouvernement du lieu du crime et le gouvernement de sa propre patrie, l'extradition doit généralement être accordée de préférence au pays où le crime a été commis. « C'est là, » dit-il, « que l'accusé doit sa justification ou l'exemple » de sa condamnation ; c'est là que sont les preuves et » les témoins ; c'est là qu'est due la réparation. » Ces raisons sont sérieuses, mais on peut répondre que les juges du lieu de la perpétration du crime ne sont les juges naturels de l'accusé qu'autant que le malfaiteur étranger est arrêté sur le territoire même qui a été le théâtre de son crime. En outre, nous ne sommes pas en présence de la même alternative que dans l'hypothèse précédente ; l'impunité n'est pas à redouter, puisque l'État auquel appartient le prévenu offre de le juger. Or, les juges naturels de ce prévenu ne sont-ils pas ceux de son pays ? N'est-ce pas concilier son intérêt individuel avec l'intérêt général de la répression des crimes ?

Tout au moins faudrait-il décider que le gouvernement, sur le territoire duquel le coupable s'est réfugié, lorsqu'il se trouve placé entre deux demandes d'extradition, est libre de se décider selon les convenances et l'appréciation des faits. C'est en ce sens que sont rédigés plusieurs traités contenant une clause relative

aux étrangers des deux États entre lesquels a lieu la
convention d'extradition. Par exemple, l'article 7 du
traité du 6 mars 1847 entre la France et le grand-
duché d'Oldenbourg est ainsi conçu : « Si le prévenu
» ou le condamné n'est pas le sujet de celui des deux
» États contractants qui le réclame, il ne pourra être
» livré qu'après que son gouvernement aura été con-
» sulté et mis en demeure de faire connaître les motifs
» qu'il pourrait avoir de s'opposer à l'extradition.
» Dans tous les cas, le gouvernement saisi de la
» demande d'extradition restera libre de donner à
» cette demande la suite qui lui paraîtra convenable
» et de livrer le prévenu pour être jugé, soit à son
» pays natal, soit au pays où le crime aura été
» commis. » Cette clause se retrouve dans toutes les
conventions conclues depuis 1847 à l'exception de cinq.
(Nouvelle-Grenade, Espagne, Vénézuéla, Portugal,
États-Pontificaux)

On peut enfin prévoir l'hypothèse où deux nations
réclameraient à la fois le même individu pour crimes
différents commis successivement sur leurs territoires.
Il n'y a d'abord pas de difficulté pour le cas où l'une
des deux nations réclamantes serait la patrie de
l'accusé : évidemment ce serait à celle-là que l'extradition devrait être accordée ; elle y a un double intérêt.
Telle est l'opinion de Kluit[1] ainsi que celle de
M. Faustin Hélie[2]. Mais que décider si les deux nations sont l'une et l'autre étrangères à l'accusé ? Titt-
mann[3] veut que l'on préfère celle qui, la première, a

[1] *De deditione profugorum*, p. 64.
[2] *Loc. cit.*, p. 676.
[3] *Die Strafrechtspflege*, p. 26.

demandé l'extradition. Schmalz[1] pense que l'on doit
apprécier les faits et livrer le coupable au pays sur le
territoire duquel le crime le plus grave a été commis.
Pour nous, nous croyons, avec M. Faustin Hélie, que
ces deux considérations doivent être également pesées
dans la décision à prendre. Si les faits sont d'inégale
gravité l'extradition doit être accordée pour celui qui
est le plus grave; s'ils le sont également on doit s'at-
tacher à la date de la demande.

Le traité conclu le 20 avril 1869 avec la Belgique a
consacré sur ce point un progrès notable. Il décide
qu'en cas de réclamations du même individu de la part
de deux États pour crimes et délits distincts, le gouvernement requis statuera en prenant pour base la
gravité du fait poursuivi ou la facilité accordée pour
que l'inculpé soit restitué, s'il y a lieu, d'un pays à
l'autre pour purger successivement les accusations.
Cette stipulation se trouve dans les conventions conclues en 1870 avec la Suisse et l'Italie et dans le nouveau traité franco-belge de 1874.

Le traité du 14 août 1876 entre la France et l'Angleterre décide que l'extradition sera accordée à l'État
dont la demande est la plus ancienne en date : « à
» moins, ajoute l'article 12, qu'il n'existe entre les
» gouvernements qui l'ont réclamé, un arrangement
» qui déciderait de la préférence, soit à raison de la
» gravité des crimes commis, soit pour tout autre
» motif. »

Cet article est tout à fait conforme à notre opinion, qui veut qu'on prenne en considération et la

[1] *Droit des gens*, liv. IV, chap. 3, p. 160.

date des demandes d'extradition et la gravité des infractions.

CHAPITRE IV.

DANS QUELS CAS ET POUR QUELS FAITS A LIEU L'EXTRADITION.

D'une façon générale l'extradition n'a lieu que pour des faits d'une certaine gravité. L'infraction doit avoir blessé la loi commune des États civilisés. Mais il peut se faire que l'appréciation de cette infraction varie suivant les pays. Tel acte, licite en Angleterre, pourra être délit en France, crime en Autriche et réciproquement. Or, pour que l'extradition soit possible, il faut qu'il y ait accord entre les deux États intéressés sur les criminalités du fait poursuivi. Aussi les traités indiquent avec soin les faits pour lesquels l'extradition est accordée. Ils sont énumérés un à un et non par catégories générales.

L'extradition n'a été pendant longtemps appliquée qu'aux plus grands crimes. A cet égard Grotius[1] enseigne que « le droit qu'ont les puissances souve-
« raines de demander les criminels qui se sont sauvés
« hors de leurs terres n'a lieu, suivant l'usage établi
« depuis plusieurs siècles dans les plus grandes par-
« ties de l'Europe, qu'en matière de crimes d'État ou
« de crimes qui sont d'une énormité extrême. Pour les

[1] *De jure belli ac pacis.* lib. II, cap. 21, n° 4.

» autres moins considérables on ferme les yeux de
» part et d'autre. » Vattel[1] dit également que l'extra-
» dition ne doit s'exercer qu'à l'égard des empoison-
» neurs, des assassins, des incendiaires de profes-
» sion, de ceux qui attaquent et outragent toutes les
» nations en foulant aux pieds les fondements de leur
» sûreté commune. » Quant à Merlin, voici comment il
s'exprime[2] : « Quand un homme a commis dans sa
» patrie un de ces crimes qui n'ébranlent point les
» fondements de la société, un usage universel des
» nations policées le reçoit à vivre tranquillement,
» sans être recherché, dans une région nouvelle. On
» regarde la privation de ses amis et de ses proches,
» le renversement de sa fortune, la perte de son état,
» un perpétuel exil hors de sa patrie comme des expia-
» tions ᵃ fortes. »

La circulaire ministérielle du 5 avril 1841 dit que
« le fait qui a été commis par l'individu dont on veut
» obtenir l'extradition doit être puni par la loi d'une
» peine afflictive et infamante et constituer un crime.
» Ce principe a été adopté par la France comme par
» les puissances étrangères ; il est aussi consacré par
» les traités que quelques puissances ont fait entre
» elles. En effet, il faut une raison puissante pour faire
» rechercher sur la terre étrangère l'homme qui s'est
» puni par l'éloignement volontaire de sa patrie ; et
» d'ailleurs les infractions graves ont toujours un
» caractère de criminalité absolue qui rend la répres-
» sion nécessaire dans l'intérêt de la société tout

[1] *Droit des gens*, liv. 1, chap. 19, n° 233.
[2] *Quest. v° Étranger*, § 2, n° 3.

« entière, tandis que les faits qualifiés délits n'ont sou-
» vent qu'une criminalité relative et n'offensent que
» l'État seul dans le sein duquel ils ont été commis.
» C'est une règle dont le gouvernement du roi n'en-
» tend dans aucun cas se départir. »

M. Faustin Hélie[1] pense que les règles qui n'auto-
risent pas l'extradition pour les faits qualifiés délits se
modifiera avec les progrès de la jurisprudence internationale. Il est parmi les délits des faits d'une immoralité absolue dont la répression est essentielle à tous
les pays, tels par exemple que les vols et les escroque-
ries et que l'extradition devra atteindre. C'est une voie
ordinaire d'exécution des jugements; elle doit saisir
les faits que la justice de tous les pays incrimine,
quelle que soit leur qualification dans chaque législation. La prédiction de l'auteur de l'Instruction criminelle s'est réalisée et le nombre des faits passibles
d'extradition s'est augmenté de plus en plus ainsi que
le prouvera l'examen rapide des conventions conclues
par la France depuis 1828.

*Nomenclature des traités d'extradition conclus par
la France depuis 1828.* — Le premier traité d'extradition signé par la France après le traité d'Amiens est
la convention avec la Suisse du 18 juillet 1828. Elle
s'applique seulement à un petit nombre de crimes très-
graves contre la sûreté de l'État, assassinats, empoi-
sonnements, incendies, faux sur des actes publics et
en écriture de commerce, fabrication de fausse monnaie, vols avec violence ou effraction, vols de grands
chemins, banqueroutes frauduleuses, soustractions de

[1] Loc. cit., p. 601 et suiv.

fonds par des fonctionnaires ou des dépositaires publics.

Vient ensuite le traité avec la Belgique du 22 novembre 1834. L'énumération des chefs d'extradition y est un peu plus développée. Les négociateurs ont pris soin de stipuler que l'extradition n'aurait lieu que dans le cas où l'infraction constituerait un crime. Voici cette énumération : 1° Assassinat, empoisonnement, parricide, infanticide, meurtre, viol; 2° incendie; 3° faux en écriture authentique ou de commerce et en écriture privée; 4° fabrication et émission de fausse monnaie; 5° faux témoignage; 6° vol, lorsqu'il a été accompagné de circonstances qui lui impriment le caractère de crime; 7° soustractions commises par les dépositaires publics, mais seulement dans le cas où elles sont punies de peines afflictives et infamantes; 8° banqueroute frauduleuse.

Le traité franco-belge a servi de type pour la rédaction des conventions conclues successivement par la France de 1834 à 1869. Dans tous les traités signés durant cette période, on remarque de la part des négociateurs la préoccupation constante de faire prédominer la législation française pour apprécier si l'acte imputé au malfaiteur réclamé constitue un crime.

Le traité passé avec l'Angleterre le 13 février 1843 ne mentionne que les crimes suivants : « crimes de » meurtre y compris les crimes d'assassinat, parricide, » infanticide et empoisonnement, faux et banqueroute » frauduleuse. »

Le traité passé le 9 novembre 1843 avec les États-Unis, après avoir énuméré les infractions pouvant motiver l'extradition, ajoute qu'elles donneront lieu à extradition seulement dans le cas où elles seront punies de peines infamantes.

La nomenclature du traité franco-belge de 1831 s'augmenta successivement d'infractions nouvelles dans les conventions postérieures, et, en 1860, nous trouvons dans traités conclus par la France, outre les faits pré us par le traité de 1831, les faits suivants : avortemen   ups et blessures volontaires ayant occasionné la mort ou une maladie, ou une incapacité de travail pendant plus de vingt jours ; association de malfaiteurs, séquestration ou arrestation, ou détention illégale de personnes ; attentat à la pudeur consommé ou tenté avec violence ; contrefaçon ou altération de papier-monnaie ; contrefaçon des sceaux de l'État et des timbres nationaux ; usage de faux titres publics ; subornation de témoins ; soustractions commises par des caissiers d'établissements publics ou de maisons de commerce, mais seulement dans les cas où ces soustractions sont accompagnées de circonstances qui leur donnent le caractère de crime, etc., etc... Ainsi qu'on le voit, la nomenclature des actes passibles d'extradition comprend à ce moment presque tous les crimes, à la répression desquels les puissances sont également intéressées ; mais elle n'admet encore aucun délit.

Ce n'est qu'en 1869 qu'a lieu l'inauguration d'un système plus large. Le traité du 29 avril 1869 entre la France et la Belgique contient la nomenclature d'un grand nombre de délits. L'expérience avait prouvé en effet qu'avec la facilité actuelle des communications, un grand nombre d'individus n'hésiteraient pas à gagner l'étranger pour se soustraire aux conséquences de simples délits. Cependant tous les délits intentionnels ne sont pas susceptibles d'extradition. Il faut, en premier lieu, qu'ils soient punissables d'après la législation du pays requis ; en second lieu, il faut que l'acte incriminé soit passible d'une peine d'une gravité déterminée, et c'est la loi du pays réclamant qui seule doit être consultée.

Le traité fixe en outre quelques points importants en ce qui concerne la complicité et la tentative ; la plupart des conventions négociées par la France de 1828 à 1860 ne sont applicables qu'aux auteurs principaux des infractions passibles d'extradition ; au contraire, le traité franco-belge (article 1er) s'applique aux individus mis en prévention ou en accusation, ou condamnés, *comme auteurs ou complices*, pour les infractions énumérées dans l'article 2.

Jusqu'en 1869, la question de savoir si la tentative des crimes prévus aux traités pouvait donner lieu à extradition, est restée indécise. Le traité franco-belge dit expressément : « Sont comprises dans » les qualifications précédentes les tentatives, lors- » qu'elles sont prévues par les législations des deux » pays. »

Le traité du 29 avril 1869 constitue le type sur lequel ont été calquées depuis, toutes les conventions signées par la France. Ainsi toutes les améliorations qu'il apporte à la matière sont contenues aussi dans les traités conclus avec la Bavière, le 29 novembre 1867 ; avec la Suisse, le 12 janvier 1870 ; avec l'Italie, le 12 mai 1870 ; dans le nouveau traité avec la Belgique, du 15 août 1874 ; dans les conventions signées avec le Pérou, le 30 septembre 1874 ; avec le Luxembourg, le 18 décembre 1875 ; avec la principauté de Monaco, le 8 juillet 1870 ; et enfin, dans le traité avec l'Angleterre, du 14 août 1876.

Nous avons vu que le traité conclu avec l'Angleterre en 1843 ne mentionnait que le meurtre, le faux et la banqueroute frauduleuse. Voici l'article 3 du traité de 1876 :

Article 3. — Les crimes et délits pour lesquels il y aura lieu à extradition sont les suivants :

1° Contrefaçon ou altération de monnaies contrefaites ou altérées ;

2° Faux ou usage de pièces fausses ; contrefaçon des sceaux de l'État, poinçons, timbres et marques publics ou usage desdits sceaux, poinçons, timbres et marques publics contrefaits ;

3° Meurtre (assassinat, parricide, infanticide, empoisonnement) ou tentative de meurtre ;

4° Coups et blessures volontaires ayant occasionné la mort sans intention de la donner ; homicide par imprudence, négligence, maladresse, inobservation des règlements ;

5° Avortement ;

6° Viol ;

7° Attentat à la pudeur avec violence ; attentat à la pudeur même sans violence, sur la personne d'une fille âgée de moins de douze ans ;

8° Vol, abandon, exposition ou séquestration illégale d'un enfant ;

9° Enlèvement d'un mineur au-dessous de quatorze ans ou d'une fille au-dessous de seize ans ;

10° Séquestration ou détention illégale ;

11° Bigamie ;

12° Actes de violence ou sévices ayant causé des blessures graves ;

13° Violences contre les magistrats et officiers publics dans l'exercice de leurs fonctions ;

14° Menaces écrites ou verbales faites en vue d'extorquer de l'argent ou des valeurs ;

15° Faux témoignage ; subornation de témoins, d'experts ou d'interprètes ;

16° Incendie volontaire ;

17° Vols avec violence, effraction, escalade, ou au moyen de fausses clefs ;

18° Abus de confiance ou détournement par un banquier, commissionnaire, administrateur, tuteur, curateur, liquidateur, syndic, officier ministériel, directeur, membre ou employé d'une société ou par toute autre personne ;

19° Escroquerie ou vol frauduleux d'argent, valeurs ou objets mobiliers provenant d'une escroquerie, publications faites de mauvaise foi ; comptes rendus écrits ou imprimés mensongers faits dans le but de tromper les actionnaires d'une société, de provoquer des souscriptions ou de déterminer des tiers à prêter de l'argent à la société ;

20° Détournement frauduleux, vol ou recel frauduleux de tout objet, argent ou valeur provenant de vol ou de détournement ;

21° Banqueroute frauduleuse ;

22° Tout acte commis avec intention de mettre en danger la vie de personnes se trouvant dans un train de chemin de fer ;

23° Destruction ou dégradation de toute propriété

mobilière ou immobilière, punie de peines criminelles ou correctionnelles ;

24° Crimes commis en mer ;

(*a*). Tout acte de déprédation ou de violence commis par l'équipage d'un navire français ou britannique contre un autre navire français ou britannique, ou par l'équipage d'un navire étranger, non pourvu de commission régulière contre des navires français ou britanniques, leurs équipages ou leurs chargements.

(*b*). Le fait par tout individu faisant ou non partie d'un bâtiment de mer, de le livrer aux pirates.

(*c*). Le fait par tout individu faisant partie ou non de l'équipage d'un navire ou bâtiment de mer, de s'emparer dudit bâtiment par fraude ou violence.

(*d*). Destruction, submersion, échouement ou perte d'un navire dans une intention coupable.

(*e*). Révolte par deux ou plusieurs personnes à bord d'un navire en mer contre l'autorité du capitaine ou du patron.

25° Traite des esclaves, telle qu'elle est définie et punie par les lois des deux pays.

Est comprise dans la qualification des actes donnant lieu à extradition, la complicité des faits ci-dessus lorsqu'elle est punie par la législation des deux pays.

A la différence du traité de 1800 avec la Belgique, le traité avec la Grande-Bretagne ne mentionne que la tentative de meurtre comme pouvant donner lieu à extradition. C'est là une grande lacune. On a dû, dit l'exposé des motifs, s'arrêter devant le refus du gouvernement anglais qui a fait observer que l'acte de 1870 et celui de 1873 ne l'autorisaient à comprendre dans les traités d'extradition que la tentative de meurtre.

Cette lacune n'existe pas dans le traité du 8 juillet 1870 avec la principauté de Monaco. L'article 2 dit expressément : « Sont comprises dans les qualifications précédentes les tentatives lorsqu'elles sont prévues par les législations des deux pays. »

Nous devons maintenant examiner quatre questions générales :

PREMIÈRE QUESTION. *Les énumérations des traités sont-elles limitatives ?* — Oui, en ce sens qu'un État ne peut exiger de l'autre aucune extradition en dehors des faits prévus. Non, en ce sens qu'un État a en principe le droit d'accorder une extradition en dehors des faits prévus. C'est ce que confirme la circulaire ministérielle de 1811 : « Les traités contiennent la » liste des crimes pour lesquels l'extradition est ac- » cordée, mais il ne faut pas s'arrêter à cette nomen- » clature qui est plutôt indicative que limitative. » Cela résulte des principes que nous avons posés que l'extradition est un acte libre de souveraineté qui peut être régi par des conventions, mais qui ne repose pas sur elles. C'est ce qu'a décidé un arrêt de la Cour de Cassation du 4 mars 1805 (affaire Chardon). Cet arrêt est ainsi conçu : « L'extradition étant de la part » du gouvernement qui la consent l'exercice d'un » droit qu'il puise dans sa propre souveraineté, peut » toujours être accordée pour des cas autres que ceux » spécifiés dans les traités en vertu desquels elle est » réclamée. »

En effet, le contrat que le gouvernement a souscrit

a enchaîné sa liberté pour les actes déterminés dans l'énumération, et il n'est plus libre de refuser l'extradition demandée pour un de ces actes, mais les effets du contrat ne s'étendent pas aux infractions qui n'y sont pas prévues. Il faut cependant excepter le cas où la convention limite expressément aux faits mentionnés la possibilité de l'extradition, comme dans la convention conclue le 5 février 1848 avec Hambourg. En général, lorsque certains actes non compris dans les traités d'extradition paraissent cependant d'une assez grande gravité pour mériter cette mesure, ils sont l'objet de conventions particulières limitées à l'espèce dont il s'agit. La seule condition pour ces sortes de conventions est que l'État qui demande l'extradition consente à l'accorder dans les mêmes cas.

D'ailleurs, le droit qu'a l'État requis d'accorder une extradition en dehors des faits prévus par les traités peut se trouver singulièrement restreint par le droit interne. Ainsi en Belgique où il existe une loi limitant les faits passibles d'extradition, le gouvernement ne peut en accorder aucune en dehors des cas prévus. Il en est de même dans les pays où les traités conclus par le pouvoir exécutif doivent, avant d'entrer en vigueur, recevoir l'approbation du pouvoir législatif. Cette approbation leur donne le caractère rigoureux d'une loi et le gouvernement ne peut en étendre la portée. Aucune de ces limitations n'existe en France. Si de 1871 à 1875 les traités ont été ratifiés par l'Assemblée nationale, cela tient à ce que les limites entre le pouvoir législatif et le pouvoir exécutif n'étaient pas nettement tracées. Aujourd'hui, le Président de la République a seul le droit de négocier et de ratifier les traités d'extradition. Cela résulte de la loi sur les Pouvoirs publics du 16 juillet 1875 (article 8).

DEUXIÈME QUESTION. *Les traités ont-ils un effet rétroactif?* — Les traités d'extradition, en l'absence d'une clause contraire, peuvent s'appliquer aux infractions qui y sont prévues, alors même qu'elles sont antérieures à la conclusion du traité. C'est en ce sens qu'a été rendu un arrêt de la cour d'assises de la Seine le 15 décembre 1846 (affaire Davia.) En voici la teneur : « Considérant que les traités d'extradition ne « faisant que régler des droits préexistants, ce n'est « pas leur donner un effet rétroactif que de recon- « naître la régularité d'une extradition faite en vertu « d'un traité de cette nature pour des crimes ou des « délits antérieurs à ce traité. »

Un traité d'extradition n'est pas une loi en effet. Nous verrons plus loin que la Cour de Cassation après avoir pendant quelque temps assimilé ces traités à des lois (arrêts des 21 juin 1839, 11 août 1841, 5 septembre 1845), a abandonné cette doctrine dans ses arrêts du 18 juillet 1851, 23 décembre 1852, 4 mai 1865 qui décident que ces traités sont des actes de haute administration. Par suite, on ne peut appliquer aux conventions d'extradition le principe universellement reconnu de la non-rétroactivité des lois. Et qu'on ne dise pas qu'en admettant la rétroactivité des traités d'extradition, on aggrave la situation de l'inculpé. Il n'en est rien, puisque nous venons de voir qu'une extradition peut être obtenue même en l'absence de tout traité.

Et même si on veut regarder les traités d'extradition

comme des lois, ne seraient-ils pas assimilables aux lois de procédure ? Comme elles ils décident une question de forme ; ils ne détruisent ni ne créent un droit pour l'accusé. Remis à la disposition de la justice compétente, l'extradé se trouve dans la situation qu'il avait avant sa fuite. L'application du traité à des actes antérieurs ne lèse aucun droit acquis ; on ne saurait donc invoquer le principe de non-rétroactivité.

Dans une doctrine opposée on soutient que la jurisprudence a pu admettre que les simples lois de procédure pouvaient être appliquées, en ce qui concerne la poursuite et le jugement de droits, d'actions et de faits antérieurs, sans qu'il y eût violation du principe de non-rétroactivité. Mais, dit-on, les conventions internationales sur l'extradition ne sauraient être considérées comme de simples lois de procédure ; il y a une distinction à faire entre les articles du traité qui règlent tout ce qui a rapport aux formalités de la demande, de la reconnaissance d'identité des coupables, à sa remise, etc., — et l'énumération des faits, crimes et délits créant le droit à la demande d'extradition. On invoque en outre des considérations d'humanité : ne faut-il pas regarder comme un droit acquis, au profit même des plus misérables d'entre les hommes, le droit d'asile et la possibilité de la prescription et de la réhabilitation [1] ?

Cet argument ne manquerait pas de valeur s'il était vrai que l'extradition ne pouvait être autorisée en l'ab-

---

[1] Voyez deux articles de M. Bréallier dans les numéros du journal *Le XIX° Siècle* du 13 janvier et du 6 février 1877.

sence d'une convention expresse. Mais nous avons vu qu'il n'en était pas ainsi. Tout gouvernement peut extrader un malfaiteur étranger qui cherche à se soustraire à l'application des lois de son pays, et ce droit lui est acquis indépendamment de tout traité spécial. En l'exerçant il ne blesse en aucune façon ses devoirs d'humanité ; il accomplit le devoir qui lui incombe de prêter son concours aux gouvernements voisins pour assurer l'action de la justice.

Parmi tous les traités signés par la France jusqu'en 1870, quatre seulement consacrent une clause à cette question. Ce sont les conventions avec la Grande-Bretagne (1843), les États-Unis (1843), la Nouvelle-Grenade (1850), et le Vénézuéla (1853) ; elles admettent la solution que nous venons de combattre.

Mais en 1870 le Gouvernement britannique a abandonné sa première manière de voir. L'article 6 de l'acte de 1870 permet de comprendre dans le traité d'extradition les crimes commis antérieurement à sa signature. Et l'article 1 du nouveau traité de 1876 conformément à ce système dit expressément : « Le présent traité s'applique aux crimes et délits antérieurs à sa signature. »

L'exposé des motifs considère comme un « progrès » cet abandon de l'ancienne doctrine de non-rétroactivité, doctrine qu'il qualifie « d'exagérée ». C'est, on le voit, la consécration de notre opinion.

TROISIÈME QUESTION. *D'après quelle législation faut-il examiner le fait incriminé ?* — Des difficultés peuvent s'élever entre le pays requis et le pays requérant sur le point de savoir si l'acte incriminé constitue l'une des infractions prévues au traité. Par exemple l'État requérant regarde comme un crime une infraction qui, aux yeux de l'État requis, n'est qu'un délit. A quelle législation faut-il se référer pour trancher la question ?

La plupart des conventions actuellement en vigueur admettent qu'il faut consulter la législation du pays requis. Seuls, les derniers traités conclus depuis 1869 avec la Belgique, la Bavière, la Suisse et l'Italie, décident que c'est la loi du pays requérant qui doit être consultée. Telle est, croyons-nous, la solution la plus juridique. « Le pays requis n'est pas juge du fond de la » question, dit très-bien M. Billot [1]. Sa loi pénale n'est » à aucun titre applicable à l'infraction ni à l'agent de » l'infraction. Il doit se borner à vérifier, d'après les » pièces produites, si le malfaiteur réclamé est pour- » suivi par un tribunal compétent, pour un fait prévu au » traité. Les pièces produites font loi pour le pays re- » quis. D'après une clause insérée dans la plupart des » traités, ces pièces doivent indiquer « la pénalité ap- « plicable au fait incriminé », c'est-à-dire, évidem- » ment, la disposition de la loi pénale du pays requé- » rant applicable à ce fait. C'est donc au point de vue » de cette dernière législation qu'il faut se placer pour » vérifier si l'acte incriminé rentre dans les prévisions » du traité. »

QUATRIÈME QUESTION. *Quel rôle la prescription peut-elle jouer en matière d'extradition ?* — Il est évident qu'une extradition ne peut pas être demandée

[1] Loc. cit., p. 121

s'il y a prescription en vertu de la loi du pays requérant. Mais la question qui se présente est celle de savoir si l'État requis doit se préoccuper de la prescription établie par sa propre loi. Supposons qu'un Français se soit rendu coupable d'une infraction pour laquelle la loi suisse admet la prescription de trois ans, tandis que la loi française n'admet que la prescription de cinq ans. Cet individu s'est réfugié en Suisse, et son extradition est demandée par la France. La Suisse doit-elle l'accorder ou bien la refuser par la raison que, d'après sa législation, l'infraction est prescrite ? La jurisprudence internationale admet que c'est la prescription, telle qu'elle est déterminée par la loi du pays de refuge, qui seule doit être considérée. C'est ainsi que tous les traités conclus jusqu'en 1860 décident que l'extradition ne pourra avoir lieu si, depuis les faits imputés, la poursuite ou la condamnation, la prescription de l'action ou de la peine est acquise *d'après les lois du pays dans lequel se trouve l'étranger*. Seuls, les traités conclus depuis 1860 avec la Belgique, la Bavière, la Suisse, l'Italie et la principauté de Monaco, portent que l'extradition *pourra être refusée*. La clause a perdu son caractère obligatoire et le pays requis reste libre d'accorder ou de refuser l'extradition. Le caractère obligatoire reparaît dans le traité de 1876 avec la Grande-Bretagne. « *Il ne sera pas donné suite à la demande d'extradition*, dit l'article 11, si, depuis les faits imputés, les poursuites ou la condamnation, la prescription de l'action ou de la peine est acquise d'après les lois du pays requis. »

Cette doctrine ne nous semble pas satisfaisante. Nous croyons que seule la loi du pays requérant de-

vrait être consultée sur cette question de prescription.
Quel est en effet le motif de la prescription? C'est qu'au
bout d'un certain temps le souvenir d'une infraction
n'existant plus, le besoin de l'exemple et l'utilité de la
répression ont disparu. Or, ce motif n'existe évidemment que dans le pays où l'infraction a été commise.
Dans tout autre pays le souvenir de cette infraction n'a
pas eu à disparaître, car il est plus que probable qu'elle
n'a pas été connue ; le besoin de l'exemple et l'utilité
de la répression n'ont donc pas existé. Par conséquent
la prescription réglée sur la loi de ce pays étranger
n'a pas sa raison d'être, et c'est uniquement celle du
pays requérant qui devrait régler la matière ; sa compétence est complète.

Des crimes politiques. — C'est une règle absolue
que l'extradition n'est jamais accordée à raison de
crimes politiques. Il n'y a pas très-longtemps que ce
principe est admis par le droit des gens ; dans le droit
ancien, c'était justement pour les faits politiques que
l'extradition était réclamée. Il est possible de fixer avec
précision la date à laquelle l'exception créée pour les
crimes et délits politiques fut définitivement admise en
France. Dans le traité d'extradition conclu entre la
France et la Suisse, le 18 juillet 1828, on voit encore
au nombre des actes passibles d'extradition figurer les
crimes contre la sûreté de l'État. Cette clause qui
n'avait jamais d'ailleurs reçu d'application, fut abrogée
le 30 septembre 1833. Depuis lors cette exception est
devenue pour la France une règle invariable.

On la trouve exprimée nettement dans la circulaire
ministérielle du 5 août 1841 : « Les crimes politiques

» s'accomplissent dans des circonstances si difficiles à
» apprécier, ils naissent de passions si ardentes, qui
» souvent sont leur excuse, que la France maintient
» le principe que l'extradition ne doit pas avoir lieu
» pour faits politiques. C'est une règle qu'elle met son
» honneur à soutenir. Elle a toujours refusé depuis
» 1830 de pareilles extraditions ; elle n'en demandera
» jamais. » Kluit[1] a donc raison au nom de ces principes de désapprouver les traités d'extradition obtenus
par l'Angleterre du Danemark le 23 février 1661, et
des Pays-Bas le 14 septembre 1662 pour l'extradition
des complices de la condamnation de Charles Ier. Mais
il n'est pas besoin de remonter aussi haut, et on peut
par exemple citer comme méritant une égale impro-
bation le traité d'extradition des accusés politiques qui
a été conclu le 1 juin 1834 entre la Prusse, l'Autriche
et la Russie, relativement aux sujets des provinces po-
lonaises[2].

Pourquoi n'admet-on pas l'extradition pour les
crimes politiques? Cela tient à divers motifs. Les faits
dont il s'agit n'ont pas toujours une criminalité absolue. Ils ne blessent, en général, qu'une seule nation,
un seul gouvernement, et leur immoralité prend sa
source dans les institutions variables de chaque société. Il ne faut pas cependant exagérer cette idée : on
trouve dans la catégorie des crimes politiques, des attentats qui égalent assurément par le degré de leur
immoralité, les crimes communs les plus graves.
L'homme qui trahit sa patrie en livrant à l'ennemi ses

---

[1] *De deditione profugorum*, p. 44.
[2] Martens, *Nouveau recueil*, t. XV, p. 44.

arsenaux et ses forteresses ; celui qui fromente la guerre civile et n'hésite pas à faire couler le sang de ses concitoyens pour assouvir sa criminelle ambition, n'est certainement pas moins coupable que celui qui, emporté par la haine ou la vengeance, a commis un assassinat. C'est donc une opinion beaucoup trop absolue que celle de quelques écrivains qui, frappés de la criminalité variable et en quelque sorte conditionnelle des faits politiques, ont affirmé que d'après la loi morale ces délits n'existent pas, que la force seule les crée, et que leur culpabilité dépend uniquement du sort des événements et de la fortune des partis. Quelle que soit la constitution d'un État, cette constitution doit être à l'abri des entreprises individuelles et ne peut être modifiée que par les voies légales. Toute attaque illégale contre la constitution de l'État est donc un fait immoral.

Néanmoins, l'immoralité de ces crimes n'est pas la même en général que celle des crimes ordinaires. La même infamie ne s'attache pas aux uns et aux autres ; les condamnés politiques ne sont pas confondus par l'opinion publique avec les autres condamnés. Cette différence tient à la nature même des crimes politiques. Les crimes communs sont partout des crimes ; quand il s'agit d'un vol, d'un meurtre, d'un incendie, aucun doute ne peut s'élever sur la criminalité du fait ; de tels actes sont punis chez tous les peuples. Mais, quand il s'agit d'une atteinte à l'ordre politique ou à l'ordre social établi dans un pays, la règle n'est pas aussi absolue. La constitution d'une nation n'est qu'une institution humaine essentiellement variable ; autant de nations, autant de lois politiques ; le même

peuple répudie aujourd'hui celle qui le régissait hier. La légitimité de cette loi purement conventionnelle n'est donc point immuable comme les lois de la conscience. La criminalité d'une atteinte contre cette forme sociale est par conséquent variable et dépend du temps et des lieux. « L'immoralité des délits politiques, a dit
« M. Guizot[1], n'est ni aussi claire, ni aussi immuable
« que celle des crimes privés ; elle est sans cesse tra-
« vestie ou obscurcie par les vicissitudes des choses
« humaines ; elle varie selon les temps, les événe-
« ments, les droits et les mérites du pouvoir ; elle
« chancelle à chaque instant sous les coups de la force
« qui prétend la façonner selon ses caprices et ses be-
« soins. A peine trouverait-on dans la sphère politique
« quelque acte innocent ou méritoire qui n'ait reçu en
« quelque coin du monde ou du temps une incrimina-
« tion légale. »

D'autre part, l'extradition ne peut évidemment avoir lieu que pour les actes punissables d'après la législation des deux pays contractants. D'après ce principe les crimes et délits politiques ne peuvent, pour la plupart, être compris dans un traité d'extradition, car en général ils ne portent le trouble que dans la nation à laquelle appartient le coupable. Tel acte défendu par la loi d'un pays constitué en monarchie, est licite dans un État voisin constitué en République, et réciproquement. On ne comprendrait donc pas qu'une nation consentît à livrer à la justice étrangère un réfugié poursuivi pour un fait autorisé par la loi du pays de refuge. De plus les auteurs de ces faits cessent ordi-

---

[1] *De la peine de mort en matière criminelle*, p. 66.

nairement d'être dangereux par cela seul qu'ils ne sont plus dans leur pays.

Voici comment s'exprimait le 15 octobre 1872, M. Beltjens, procureur général à la Cour d'appel de Liége, dans son discours sur l'extradition prononcé à l'audience de rentrée : « L'exclusion des délits politi-
» ques est une règle à laquelle les États ont rarement
» dérogé. La raison de cette exclusion se trouve dans
» la nature des infractions, dans les mœurs des peu-
» ples et dans les idées de liberté qui dominent en
» Europe. La forme gouvernementale et les institu-
» tions politiques sont des choses de pure convention,
» variant de pays à pays. Celles qui sont admises dans
» une contrée déterminée ne répondent pas toujours
» aux besoins de la nation ; les efforts pour les ren-
» verser ne froissent pas la conscience universelle ;
» l'insuccès rend leurs auteurs criminels, le triomphe
» les transforme en héros. Souvent le but poursuivi
» est déjà atteint dans le pays où les inculpés se réfu-
» gient, et on comprend qu'il répugne à un gouverne-
» ment monarchique par exemple le livrer des hommes
» qui ont voulu introduire la monarchie dans un pays
» démocratique et réciproquement. »

Maintenant, que faut-il entendre par les mots crimes et délits politiques? Ce sont les actes illicites dirigés contre l'ordre politique ou social d'un pays. En droit, on distingue les délits purement politiques, comme les complots, les actes séditieux et les faits de presse, et les délits politiques qui se compliquent d'un délit com-mun, comme les pillages, les violences ou les meur-tres qui, commis au milieu de dissensions civiles, peuvent invoquer une cause politique, l'intérêt d'une opinion ou d'un parti. M. Faustin Hélie[1] est d'avis que cette distinction ne doit point s'appliquer en matière d'extradition, et que l'exception doit également protéger les uns et les autres. « Il suffit, dit-il, qu'un » crime, même commun, ait été inspiré par un intérêt » exclusivement politique, pour que son caractère se » modifie immédiatement, au moins au point de vue » du droit international ; ce crime n'est plus empreint » de cette immuable perversité qui met son auteur au » ban de toutes les nations ; l'élément politique, sans » l'excuser, en atténue la portée et les dangers ; il n'y » a plus le même intérêt pour le gouvernement étran- » ger à prêter son concours au gouvernement offensé. » En fait, presque toutes les conventions prohibent l'extradition à l'égard de *tout fait connexe* aux délits politiques.

Si par faits connexes on entend parler des délits de droit commun, qui, malheureusement, accompagnent souvent les délits politiques, qui sont engendrés par eux, et qui, ainsi que le dit M. Faustin Hélie, sont inspirés par un intérêt exclusivement politique, nous comprenons la disposition presque constante des traités. En effet, les mêmes motifs qui ont fait prohiber l'extradition en matière de crimes purement politiques, s'appliquent à ces délits connexes, car pour déterminer la criminalité des délits de droit commun connexes aux délits politiques, il est nécessaire d'entrer dans l'examen du fond même du procès. Mais nous pensons qu'une telle exception ne saurait s'appliquer à des crimes tels que l'assassinat, le pillage, l'incendie, aux-

[1] Loc. cit., p. 688.

quels l'intérêt politique sert uniquement de prétexte,
et qui sont des crimes dans tous les pays et dans tous
les temps. Il est inadmissible qu'un homme qui, sous
le voile des troubles civils, n'a pas reculé pour accomplir un dessein soi-disant politique devant le meurtre
et le brigandage, n'ait qu'à passer la frontière pour
jouir d'une impunité aussi complète que scandaleuse.
Rendra-t-on le fanatisme politique responsable des
assassinats qu'il a commis, des incendies qu'il a allu-
més? Nous le répétons, une telle théorie nous semble
à la fois fausse et coupable. Trop souvent cependant,
on a vu des gouvernements, s'attachant à la lettre
même des traités, refuser de livrer à l'État où ils
avaient porté le trouble, des assassins et des incendiaires, en leur donnant le nom de réfugiés politiques.
Ces gouvernements ont, croyons-nous, méconnu non
seulement les règles de la justice, mais le sens même
des traités d'extradition. Leur propre intérêt aurait dû
d'ailleurs leur dicter une autre manière d'agir, car ils
se sont interdit ainsi la possibilité d'obtenir à leur tour
de semblables extraditions.

Attentat contre le chef de l'État. — Il y a un fait
particulier qui a été l'objet de stipulations spéciales
dans certains traités : c'est l'attentat contre le chef
de l'État. Il y a là un crime de droit commun et un
crime politique. Lequel est le plus grave? Il y a grand
intérêt à le savoir, pour l'application de la peine de
mort notamment. Certains auteurs, frappés de la gran-
deur des intérêts politiques et sociaux qui se concen-
trent sur le chef de l'État, admettent que le crime
commun contenu dans l'attentat, n'est jamais qu'accessoire. D'autres, au contraire, avec raison selon

nous, donnent le pas au droit individuel violé ; pour eux, l'attentat est toujours et avant tout un crime commun. M. Billot [1] a proposé un troisième système :
« La gravité du crime commun, dit-il, est déterminée
» par l'acte lui-même, abstraction faite du rang de la
» victime. Quant au crime politique, la mesure en est
» donnée par l'importance du droit politique violé et
» par l'intérêt de répression qui s'y rattache. Le légis-
» lateur et le juge, pour déterminer la juridiction et la
» pensée, doivent qualifier l'attentat par le plus grave
» des deux crimes qu'il renferme. L'attentat sera donc
» traité, selon les circonstances, tantôt comme un
» crime politique, tantôt comme un crime commun. »

Mais pour l'application des traités, que décider? Jusqu'en 1856 aucune difficulté sérieuse ne s'est présentée. La France a obtenu sans difficulté de la Prusse en 1835 l'extradition du nommé Bardou, inculpé de complicité dans l'attentat de Fieschi ; en 1848 elle n'a pas hésité à livrer les assassins du duc de Lichtenstein. C'est en 1856 que pour la première fois apparaît dans les conventions une stipulation relative aux attentats contre le chef de l'État. Au mois de septembre 1854 il y avait eu une tentative d'assassinat contre Napoléon III. Deux Français réfugiés en Belgique furent à cette occasion poursuivis par les autorités françaises qui demandèrent leur extradition. L'un d'eux fut arrêté, mais il y eut divergence entre les divers corps judiciaires en Belgique sur la question de savoir s'il devait être livré au gouvernement français. La chambre d'accusation décida qu'il n'y avait pas lieu à extradition, le

[1] Loc. cit., p. 112.

fait étant un fait politique. Le procès faisait grand bruit. La décision qu'allait rendre le cabinet de Bruxelles, non tenu de se conformer à l'avis du pouvoir judiciaire, avait toute l'importance d'un événement politique. Mais le gouvernement Français fit cesser tout embarras en retirant sa demande d'extradition. Aussitôt après, le gouvernement belge proposa une loi portant que le fait d'attentat contre le chef d'un État ne serait pas regardé comme un fait politique. La loi fut adoptée et une convention fut conclue le 22 septembre 1856 avec le gouvernement français. La même clause a été reproduite dans le traité signé avec la Belgique le 20 avril 1869. Elle a été en outre insérée dans tous les traités d'extradition conclus par la France depuis 1856, à l'exception de trois qui sont les traités avec la Suisse du 12 janvier 1870, avec l'Italie du 12 mai 1870 et avec la Grande-Bretagne du 11 août 1876.

Désertion. — Un fait sur le caractère duquel le droit a varié est le fait de désertion. Il faut distinguer entre les déserteurs de l'armée de terre et les déserteurs de la marine. La désertion des soldats de l'armée de terre n'est pas aujourd'hui passible d'extradition. Cette règle se trouve formellement exprimée dans le rapport dressé par le ministre de la justice sur le compte général de l'administration de la justice criminelle pour 1861. En effet, la désertion constitue une infraction spéciale dont la criminalité est diversement appréciée; dans certains pays, c'est un simple délit correctionnel; dans d'autres, c'est un crime passible des peines les plus graves. Voilà le motif de l'exception dont la désertion est l'objet. Il intervient seulement des arrangements particuliers pour la restitution des armes, chevaux, etc.

Il a été jugé que lorsqu'une extradition a été accordée par un gouvernement étranger pour un certain crime, mais avec la condition expresse que l'accusé ne sera pas jugé pour un délit aussi commis par lui, et spécialement pour le délit de désertion, les juges saisis à la suite de l'information tant du délit que du crime doivent se déclarer incompétents pour statuer sur le délit (Arrêt du 20 décembre 1861. — Conseil de révision de Paris).

En ce qui touche la marine, la règle est différente. Non-seulement on admet l'extradition des marins qui désertent, mais encore elle a lieu ici en dehors des règles ordinaires, suivant des formes beaucoup plus expéditives. Les consuls ont le droit sur la réclamation du capitaine de requérir les autorités locales pour les aider à rechercher le fugitif et lui faire réintégrer son navire. Il y a des dispositions à ce sujet dans les conventions consulaires. La question est réglée entre la plupart des puissances maritimes par une clause formelle insérée dans les traités de commerce et de navigation ou dans les traités consulaires. Nous citerons par exemple la convention consulaire entre la France et l'Italie du 26 juillet 1862, la déclaration du 8 novembre 1872 entre les mêmes pays, la convention de navigation du 5 février 1873 entre la France et la Belgique.

CHAPITRE V.

DE LA PROCÉDURE EN MATIÈRE D'EXTRADITION.

L'extradition étant un acte de droit des gens et émanant directement de la souveraineté de chaque État, le gouvernement a seul qualité pour statuer sur les demandes d'extradition qui lui sont adressées, et il ne peut être saisi de requête de ce genre que par le gouvernement de l'autre pays. Des agents inférieurs du pouvoir exécutif ou judiciaire ne sauraient en effet avoir qualité pour entrer en relations avec un gouvernement étranger. Les rapports s'établissent directement entre les gouvernements des deux pays par la voie diplomatique. On pourrait concevoir pourtant que le soin de demander et d'accorder les extraditions fût confié à des agents administratifs ou judiciaires des deux pays. Cette manière de procéder n'a pas été admise parce qu'elle aurait fait disparaître d'importantes garanties.

Tous les traités conclus par la France depuis 1838 consacrent ce principe. Il est clairement énoncé dans la circulaire ministérielle de 1841 adressée aux procureurs généraux : « C'est au gouvernement seul à
« agir ; il ne vous est pas permis en cette matière de
« vous entendre, sous aucun prétexte, avec les agents
« des puissances étrangères ; vous ne pouvez pas non
« plus vous adresser directement aux autorités judi-

» claires des pays voisins pour obtenir l'extradition ;
» vous pouvez correspondre seulement avec les magis-
» trats étrangers pour avoir des renseignements. »

Mais la voie diplomatique entraîne de grandes longueurs. Ces longueurs seraient particulièrement ex-
cessives pour les colonies. Aussi, soit en vertu de
traités formels tels que les traités de 1860 avec les
Pays-Bas et de 1869 avec la Suède et la Norwége, soit
par la force des choses, on admet que le gouverneur
d'une colonie a une vraie délégation de son gouvernement pour demander et accorder les extraditions.

Il y a deux cas où les principes précédents semblent
fléchir ou du moins présenter quelques difficultés dans
l'application. Le premier cas est celui où le pays dont
il s'agit de réclamer l'extradition ne jouit que d'une
demi-souveraineté ; le second est celui où le crime
a été commis sur un navire étranger résidant dans un
port français :

1° C'est dans la république d'Andorre, pays neutre et
mi-souverain, situé entre la France et l'Espagne et
placé sous la suzeraineté de la France que la question
s'est présentée. Un Français poursuivi pour un crime
commis en France s'était réfugié dans un village de
cette vallée. En vertu d'un mandat d'arrêt délivré par
le procureur général-syndic, le juge de paix opéra
son arrestation. L'accusé fut renvoyé devant la cour
d'assises de Foix. Après avoir laissé passer l'instruction préjudicielle et sans se pourvoir contre l'arrêt de
renvoi, il soutint en cour d'assises que son arrestation
était illégale et nulle comme ayant été effectuée au
mépris du droit des gens et des principes du droit
public sur l'extradition. Un sursis fut prononcé par

arrêt du 17 février 1845. Le ministère public se pourvut contre cet arrêt qui fut cassé le 9 mai 1845 par la Cour de Cassation « attendu que dans l'état des relations existantes légalement, résultant des anciens usages établis de temps immémorial et définitivement consacrés par le décret législatif du 27 mars 1806, entre la France et le pays d'Andorre, l'extradition d'un Français poursuivi pour crime et réfugié dans ces vallées, peut être valablement opérée sur la réquisition d'un magistrat français agissant en vertu d'un mandat de justice délivré régulièrement. » Ainsi, la mi-souveraineté que possède la France dans le pays d'Andorre a paru un titre suffisant aux juges pour autoriser l'arrestation d'un prévenu, sans recours à aucune convention diplomatique.

2° La question qui est engagée ici est celle de la territorialité du navire. Les vaisseaux de guerre d'un État portant son pavillon, sont réputés dépendance de son propre territoire, même dans les ports de mer étrangers. Par conséquent, de même que les crimes qui seraient commis sur un de ces vaisseaux dans un de nos ports, échapperaient à la compétence territoriale de la justice française, de même nos magistrats ne pourraient y faire effectuer l'arrestation d'un Français qui aurait commis un crime à terre et s'y serait réfugié. Il faudrait que le coupable leur fût livré par le commandant représentant son souverain ; et dès que le gouvernement étranger aurait déclaré approuver ce mode d'extradition, la Cour d'assises saisie devrait juger l'accusé sans sursis. C'est ce qu'a décidé la Cour de cassation (arrêt du 25 février 1859).

Mais il en est autrement pour les navires de commerce, même à l'égard des crimes commis à bord. Lorsqu'ils stationnent dans un port français et lorsqu'il y a trouble motivant l'intervention de l'autorité locale, le crime commis, fût-ce envers un homme de l'équipage est soumis à nos lois de police et de sûreté; l'arrestation du coupable doit avoir lieu sans qu'il faille extradition. La question a été tranchée dans ce sens par la Cour de cassation dans un arrêt du 15 juillet 1845 (affaire Bastianési). Un bandit corse poursuivi à raison de crimes commis sur le territoire français, s'était réfugié en Sardaigne, puis embarqué furtivement sur un bateau-poste sarde qu'une tempête vint jeter dans le golfe d'Ajaccio. Le procureur du roi, présumant que ce bandit pourrait bien se trouver là, s'y présenta muni de la permission du consul sarde et le fit arrêter avec l'autorisation du capitaine. La cour d'assises rejeta la demande de sursis formée par l'accusé. Celui-ci se pourvut en cassation et son pourvoi fut rejeté par la cour « attendu que ledit arrêt attaqué constate que la » remise de Bastianési et l'arrestation qui s'en est sui- » vie ont été approuvées par le gouvernement sarde; » que dès lors Bastianési, qui était en liberté sur le » vaisseau sarde, a été légalement arrêté, en vertu » d'arrêts et ordonnances émanés de l'autorité compé- » tente. » Ainsi l'arrestation d'un Français accusé, opérée à la réquisition d'un magistrat français, sur un bâtiment étranger mouillé dans un port français, devient légale quoi qu'il n'y ait pas eu autorisation préalable d'extradition si le consentement donné par le consul étranger a été depuis approuvé par les deux gouvernements.

Les formalités exigées pour l'extradition doivent être

examinées à deux points de vue, au point de vue de l'État requérant et à celui de l'État requis.

§ 1er.

PREUVES A LA CHARGE DE L'ÉTAT REQUÉRANT.

Ces formalités sont à peu près les mêmes dans tous les pays. En France, le magistrat chargé de l'instruction de l'affaire en réfère au ministère public; la question est ensuite soumise au procureur général du ressort qui la communique au Ministre de la Justice; ce dernier en saisit le Ministre des Affaires étrangères qui préside à l'action diplomatique. Quelles sont les justifications que doit faire l'État qui demande une extradition? Il doit établir l'identité du fugitif, sa nationalité, la condamnation ou l'accusation dont il est l'objet, la nature de l'infraction, la compétence du pouvoir poursuivant.

1. *Preuve de l'identité du fugitif.* — Le plus souvent la police du pays requérant parvient à établir et à communiquer le signalement de l'inculpé. La photographie est depuis quelques années d'une grande ressource dans ces sortes d'affaires. On envoie le portrait du fugitif aux autorités du pays de refuge qui ont ainsi un moyen commode de le reconnaître. Si ces procédés ne peuvent être employés, le pays du refuge peut, dès l'arrestation de l'individu soupçonné d'être le délinquant poursuivi, demander l'envoi de témoins pour constater l'identité.

Quelques traités seulement contiennent des dispositions relatives à la constatation de l'identité du fugitif. La convention avec la Toscane du 11 septembre 1813 exige au nombre des pièces produites à l'appui de la demande d'extradition « le signalement du prévenu, afin d'en faciliter la recherche et l'arrestation. » La même clause est reproduite dans les traités signés avec l'Espagne (1850), l'Autriche (1855), Parme (1856), les États de Suède et Norwége (1869), la Belgique (1869), la Bavière (1869), la Suisse (1870), l'Italie (1870), la Belgique (1874), le Pérou (1874), le Luxembourg (1875) la principauté de Monaco (1876), la Grande-Bretagne (1876). La question n'a pas été prévue dans les autres conventions, mais comme le remarque M. Faustin Hélie[1], il est utile néanmoins de faire parvenir à l'État requis le signalement du fugitif afin que les investigations des autorités étrangères soient efficaces et que l'identité du prévenu puisse plus facilement être constatée.

II. *Preuves de sa nationalité.* — Le pays réclamant doit communiquer au pays requis tous les renseignements qu'il a été possible de recueillir sur la nationalité de l'individu réclamé. Le pays de refuge a grand intérêt en effet à être fixé sur ce point, car nous avons vu qu'un État ne livre point ses nationaux, et que s'il s'agit d'un sujet d'un pays tiers, l'État requis doit donner avis à ce pays de la demande d'extradition.

III. *Preuve de sa condamnation ou de l'accusation*

[1] Loc. cit., p. 693.

dont il est l'objet. — Si la demande d'extradition est dirigée contre un individu déjà condamné, le gouvernement requérant devra communiquer une expédition de la sentence de condamnation. Ce sera, si la demande vient de la France, une expédition du jugement du tribunal de police correctionnelle ou de l'arrêt de la cour d'assises rendu contre l'individu réclamé.

Si l'individu recherché est seulement accusé et n'a pas encore été jugé, les pièces qui doivent être jointes à la demande sont différentes selon que la procédure est plus ou moins avancée ou selon les conventions. Ainsi un individu est poursuivi sous l'inculpation d'un crime : on procède à une instruction et on lance un mandat d'arrêt. Si l'extradition est demandée à ce moment, le mandat d'arrêt est suffisant. Mais le mandat d'amener ne le serait point, car il ne contient pas la qualification du fait et c'est là le point essentiel en matière d'extradition. Le mandat d'arrêt lui-même n'est pas, du reste, un acte exécutoire à l'étranger, mais simplement un document. Il est donc inutile d'y ajouter des invitations ou réquisitions adressées aux magistrats étrangers. Il va de soi que le mandat d'arrêt doit être rédigé avec soin et que la qualification du fait doit y recevoir le développement nécessaire. (Circulaire ministérielle du 5 avril 1841.)

Mais supposons que le juge d'instruction ait transmis l'affaire à la chambre des mises en accusation, ou, s'il ne s'agit que d'un délit, ait rendu une ordonnance de renvoi devant le tribunal de police correctionnelle. L'État réclamant devra-t-il envoyer à l'État requis, dans le premier cas, l'arrêt de la chambre des mises en accusation renvoyant l'inculpé devant la cour d'assises, et, dans le second cas, l'ordonnance de renvoi du juge d'instruction ? Le mandat d'arrêt suffira-t-il au contraire ? Deux systèmes sont en présence :

1° Certains traités n'exigent que la production du mandat d'arrêt. Ce sont les traités conclus avec la Suisse (1828), la Sardaigne (1838), Lucques (1843), Bade (1843), la Toscane (1844), les Deux-Siciles (1845), la Prusse (1845), la Bavière (1846), la Saxe (1850), l'Espagne (1850), le Wurtemberg (1853), la Hesse grand-ducale (1853), le Nassau (1853), Lippe (1854), le Portugal (1854), le Hanovre (1855), l'Autriche (1855), Parme (1856), les États pontificaux (1859), le Chili (1860), les Pays-Bas (1860), la Suède et la Norwége (1860), la Bavière (1869), la Suisse (1870), l'Italie (1870), la Belgique (1874), le Pérou (1874), Monaco (1876).

La formule employée est celle-ci : « Les pièces qui
» devront être produites à l'appui des demandes d'ex-
» tradition sont le mandat d'arrêt décerné contre les
» prévenus ou tous autres actes ayant au moins la
» même force que ce mandat et indiquant également
» la nature et la gravité du fait poursuivi, ainsi que la
» disposition pénale applicable à ce fait. »

Il a été jugé en ce sens que l'extradition accordée par le gouvernement sarde du prévenu de l'un des crimes spécifiés au traité, peut être régulièrement obtenue avant l'arrêt de la chambre des mises en accusation, et avant qu'une prise de corps ait été décernée contre l'inculpé. (Arrêt de la Cour de cassation du 11 mars 1847. — Affaire Cruveillé). Et, en effet, le succès de l'extradition serait le plus souvent compromis s'il fallait attendre que la procédure dirigée contre l'inculpé fût amenée jusqu'à l'arrêt de la chambre des mises en accusation. Ce qui importe en cette matière, c'est que les conventions diplomatiques soient religieusement observées, c'est-à-dire que l'inculpé soit mis en jugement exclusivement pour les causes qui ont motivé son extradition. C'est ce que nous verrons plus loin.

2° D'autres traités, en nombre moins considérable, exigent la production de l'arrêt de la chambre des mises en accusation, ou, s'il s'agit d'un délit, de l'ordonnance de renvoi du juge d'instruction. Ce sont les traités conclus avec la Belgique (1831), le Luxembourg (1844), Brême (1846), Lubeck (1847), Hambourg (1848), la Hesse électorale (1852), Francfort (1853), la Belgique (1869). Ainsi qu'on peut le voir, la Belgique qui, jusqu'en 1871, exigeait la production de l'arrêt de la chambre d'accusation, se contente du mandat d'arrêt depuis la nouvelle loi belge du 15 mars 1874. Pour justifier cette grave innovation, on a fait remarquer qu'elle était conforme à la pratique de presque tous les autres pays; qu'elle permettait ainsi de faire des traités basés sur une véritable réciprocité; que le plus souvent elle serait favorable à l'inculpé lui-même qui serait présent à l'instruction dirigée contre lui, et ne serait plus soumis a une inutile détention préventive, subie pendant que la procédure s'instruirait.

Il est évident que le second système offre plus de garanties; mais il a l'inconvénient de rendre l'instruction plus longue et plus difficile par suite de l'absence de l'inculpé. L'Angleterre et les États-Unis sont dans une position particulière : il faut leur communiquer les éléments de preuves qui ont déterminé la mise en accusation. Nous étudierons plus tard ce système.

IV. *Nature de l'infraction*. — Les pièces justifica-tives communiquées au pays de refuge doivent indiquer la nature du fait incriminé. En cas de condamnation, pas de difficulté; les pièces prononçant ... la qualifi-cation de l'infraction suffisent pour ... le dé-lit. Lorsqu'il s'agit d'une accusation, il faut distinguer selon que le pays requis exige la production de l'arrêt de la chambre des mises en accusation, ou se contente du mandat d'arrêt. Dans le premier cas, l'arrêt con-tenant des détails précis sur les actes poursuivis, et faisant connaître les dispositions pénales appli-cables, l'État requis aura tous les renseignements dé-sirables.

Dans le second cas, au contraire, le mandat d'arrêt devra non seulement qualifier ... le fait, mais encore in-diquer la pénalité qui ... est applicable, pour permettre de vérifier s'il ... des ... les prescrites du traité. En effet, d'après ... traités ..., l'extradition a lieu en matière de délits lorsque la peine est au moins d'un mois d'emprisonnement pour les condamnés et de deux ans pour les accusés (article 2, n° 18 du traité du 29 avril 1869 entre la France et la Belgique). Il est donc nécessaire que le pays requérant indique exacte-ment la pénalité applicable au fait incriminé.

V. *Compétence du pouvoir poursuivant*. — L'extra-dition ne peut évidemment avoir lieu si l'accusation n'est pas poursuivie par une autorité compétente. Le pays requérant doit donc établir la compétence de la juridiction saisie du procès. Cette compétence peut être territoriale ou personnelle. Elle est territoriale si l'extradition est demandée pour un crime commis sur le territoire du pays requérant. Celui-ci n'aura alors qu'à établir un seul point : le lieu où le délit a été commis. La compétence est personnelle, au contraire, si l'extradition est réclamée au sujet d'un crime commis hors du territoire du pays requérant, et si la loi de ce pays permet de poursuivre les nationaux ayant commis des infractions à l'étranger. L'État requérant devra donc prouver uniquement que ses nationaux qui ont commis des crimes hors de son territoire, sont justiciables de ses tribunaux.

Supposons toutes ces preuves faites. Le ministre des affaires étrangères transmet alors le dossier à son agent diplomatique accrédité près de l'État étranger. Celui-ci écrit au ministre des affaires étrangères du pays de refuge une lettre dans laquelle il formule la demande d'extradition ; il joint à cette lettre toutes les pièces judiciaires. C'est alors qu'a lieu l'examen de la demande par le pays requis.

§ 2.

EXAMEN DE LA DEMANDE D'EXTRADITION PAR LE PAYS REQUIS.

Nous ne nous occuperons pour le moment que des règles suivies en France. Il n'y a aucun texte législatif sur la matière. C'est le décret du 23 octobre 1811 qui indique la marche à suivre.

Une première observation est que l'autorité judiciaire

reste complétement étrangère aux négociations qui
interviennent sur les demandes d'extradition adressées
à la France. La circulaire ministérielle de 1841 s'exprime ainsi : « Les magistrats sont tout à fait étran-
» gers à la négociation qui intervient alors; mais il
» est important que vous sachiez dans quelles limites
» est renfermée l'autorité judiciaire française quant
» à l'aide qu'elle peut prêter aux autorités du pays
» étranger où un crime a été commis. Souvent des
» magistrats étrangers transmettent directement aux
» procureurs généraux, à leurs substituts et même aux
» tribunaux, des mandats, des ordres d'arrestation,
» des jugements de condamnation. Ces mandats, ces
» jugements ne sont pas exécutoires en France; l'ar-
» restation d'un étranger ne peut être ordonnée qu'en
» vertu de l'ordonnance du roi qui ordonne l'extra-
» dition. Ces mandats ou jugements doivent m'être
» adressés par les magistrats qui les ont reçus pour
» que je m'entende sur la question d'extradition avec
» M. le Ministre des Affaires étrangères. »

D'un autre côté, l'article 2 du décret de 1811 porte
que « toute demande en extradition faite par un gou-
» vernement étranger et appuyée de pièces justifica-
» tives sera adressée à notre Ministre des relations
» extérieures lequel le transmettra avec son avis à
» notre grand-juge, Ministre de la Justice. » L'ar-
» ticle 1er du même décret décide que « cette demande
» nous sera soumise par notre grand-juge, Ministre
» de la Justice, pour y être par nous statué ainsi qu'il
» appartiendra. »

Ce système a été vivement critiqué et nous croyons
que ce n'est pas sans raison. Les questions d'extra-

dition ne devraient pas, nous semble-t-il, être exclusivement réservées au pouvoir administratif. Le pouvoir judiciaire devrait intervenir dans l'examen de ces
questions. Déjà en 1870 M. Faustin Hélie[1] écrivait :
« Quelques critiques ont été émises sur ce point. On a
» pensé que l'intervention de l'autorité judiciaire ne
» serait pas inutile lorsqu'il s'agit de prêter appui au
» mandat de la justice étrangère et d'ordonner l'arres-
» tation du prévenu étranger... Cette vérification des
» charges de la prévention et de l'identité du prévenu
» serait assurément une utile garantie pour les droits
» de la défense et de la liberté individuelle. Serait-elle
» contraire au principe qui a placé les extraditions
» dans les attributions du gouvernement? Ce que le
» gouvernement demanderait à l'autorité judiciaire,
» c'est la constatation d'un fait, c'est tout au plus un
» avis; et il se réserverait de statuer suivant sa
» volonté. Il en résulterait peut-être quelque retard,
» mais ce retard n'aurait aucun inconvénient grave,
» puisque l'inculpé pourrait être mis immédiatement,
» et sans attendre l'ordonnance d'extradition, sous la
» main de la justice. Cette marche aurait ensuite l'im-
» mense avantage de régulariser l'arrestation et la
» détention de cet inculpé, d'assurer à ces mesures un
» caractère légal et de concilier ainsi l'extradition avec
» le droit commun. »

C'est en effet une question de liberté individuelle qui
est en jeu; or, n'est-elle pas essentiellement de la compétence des tribunaux? Le pouvoir administratif offre-
t-il des garanties suffisantes pour en être le seul juge?

[1] Loc. cit., p. 702 et suiv.

« L'étranger, disait M. Jules Favre, est placé sous
« la règle absolue du bon plaisir; il appartient à
» l'administration et quand bien même il est depuis
« longtemps au milieu de la société française, il suffit
« du bon plaisir d'un ministre, qui peut être trompé,
« pour qu'il soit condamné à abandonner cette terre
« devenue pour lui [illegible], » [illegible] du Corps
Législatif de 28 [illegible] 1867. [illegible] une loi qui
vient [illegible] de façon de procéder à de
défectueux [illegible]. Nous [illegible]
tons qu'ils ne [illegible] pas [illegible] proposées [illegible] que le
fait espéré. La circulaire du Garde des Sceaux du
12 octobre 1875 dont nous [illegible] parlé ci-après.

Voici en attendant quelle a été la manière de procéder jusqu'aux réformes introduites par cette circulaire: la dépêche dans laquelle l'agent diplomatique étranger a formulé la demande d'extradition parvient au Ministre des Affaires étrangères. Celui-ci se livre à un premier examen de l'affaire, portant surtout sur les questions de forme. C'est le Ministre des Affaires étrangères qui préside aux relations diplomatiques; sa compétence n'est donc pas discutable. Si la transmission de la requête n'est pas régulière ou si celle-ci ne satisfait pas aux prescriptions des traités, le Ministre des Affaires étrangères peut ne pas y donner suite. Si au contraire il juge la demande régulière, il transmet le dossier au Ministre de la Justice. Ce dernier est le juge principal de la prise en considération de la demande. Il n'est pas lié par l'avis de son collègue et il se décide en toute indépendance. Son examen porte principalement sur le fond de la demande; le fait incriminé rentre-t-il dans l'une des catégories du traité, ou malgré une qualification erronée constitue-t-il en réalité un délit politique ? Le réfugié n'appartient-il pas par sa nationalité à une puissance étrangère dont il y aurait lieu de requérir l'assentiment ; ou bien n'est-il pas Français et, partant, à l'abri de l'extradition ?

Lorsque le Ministre de la Justice est d'avis que la demande [illegible] dans le fond. Il [illegible] décret [illegible] le décret [illegible] au Ministre [illegible] de l'Intérieur ; [illegible] le décret [illegible] qui [illegible] modifi- [illegible] que la personne qui peut être poursuivie par l'autorité judiciaire.

Sans doute cette procédure comporte une conscien- cieuse observation des traités, mais sous un certain rapport, elle est aussi vicieuse que possible. L'extra- dition est une mesure très grave pour celui qui en est l'objet ; cependant la décision est prise sans que le fu- gitif soit entendu, sans qu'il puisse s'expliquer. Il est poursuivi, appréhendé au corps, traîné de brigade en brigade et livré à la frontière sans qu'il ait reçu le moindre avertissement ; il n'a même pas pu démontrer qu'on se trompait sur son identité et remarquons que la décision rendue par le chef de l'État est définitive et sans recours.

Cette pratique administrative n'avait été depuis le commencement de ce siècle l'objet d'aucune tentative de réforme, malgré les nombreuses réclamations aux-

quelles elle aurait donné lieu. Et tandis qu'à bon droit
nos traités diplomatiques servaient de modèle et de
type aux conventions des autres puissances, l'application de ces mêmes traités chez nous n'était, à proprement parler, l'objet d'aucune réglementation. Ce n'est
qu'il y a deux ans qu'une circulaire du Garde des
Sceaux en date du 12 octobre 1875, s'inspirant des législations étrangères, a introduit dans la matière d'importantes innovations.

Cette circulaire a pour but de restituer au réfugié
la faculté de répondre à la demande d'extradition ;
c'est au ministère public qu'est confiée la mission de
l'entendre. Les débuts de la procédure restent les mêmes. L'examen sur la forme au Ministère des Affaires
étrangères, le même contrôle sur le fond au Ministère
de la Justice ne subissent aucune innovation. Mais au
lieu d'aboutir immédiatement au décret d'extradition
qui tranche le sort du réfugié par une décision irrévo-
cable et sans appel, cette mesure définitive est suspen-
due. Après l'examen du Ministre de la Justice, le Ministre de l'Intérieur fait procéder à l'arrestation de
l'individu et à partir de ce moment s'ouvre une procédure nouvelle dont le but unique est de provoquer les
explications du prévenu. Une fois saisi, le réfugié est
immédiatement conduit devant le procureur de la République de l'arrondissement où l'arrestation a été opérée. Ce magistrat reçoit en même temps communication
de toutes les pièces jointes à la demande d'extradition ;
il procède à l'interrogatoire de l'individu arrêté et en
dresse procès-verbal. Si l'individu arrêté réclame le
secours d'un interprète ou les conseils d'un défenseur,
le procureur de la République doit lui accorder toutes

les facilités. Il transmet ensuite à son chef hiérarchique le procureur général : 1° le mandat d'arrêt ou le jugement de condamnation et les documents joints ; 2° l'interrogatoire ; 3° son avis motivé. Après avoir été soumise de nouveau au contrôle et à l'appréciation de ce magistrat supérieur, l'enquête parvient en dernier lieu au Garde des sceaux. Possédant alors tous les éléments de l'affaire, certain de l'identité du prévenu comme de la régularité de la requête, le Ministre de la Justice prononce en pleine connaissance de cause et soumet à la signature du Président de la République le décret d'extradition.

Examinons quels sont les moyens de défense que peut invoquer le réfugié. « Si cet individu, dit la cir-
» culaire, prétend qu'il appartient à la nationalité
» française, ou que la demande d'extradition s'appli-
» que à un autre individu, s'il demande à prouver que
» l'infraction dont il s'est rendu coupable ne rentre pas
» dans les termes du traité, ou enfin s'il allègue un fait
» qui serait de nature à établir son innocence, le pro-
» cureur de la République devra vérifier par tous les
» moyens qui sont à sa disposition l'exactitude de ses
» allégations. » Que le réfugié soit admis à présenter l'un des trois premiers moyens de défense, rien de plus naturel. Sous ces trois chefs en effet, la circulaire a exactement résumé toutes les vérifications auxquelles le Ministre de la Justice doit se livrer avant de faire droit à la demande. Mais il est moins facile de comprendre comment le ministère public peut devenir juge de la culpabilité du prévenu. Le Gouvernement ne s'est pas, chez nous, réservé le droit de connaître des délits commis sur un territoire autre que le sien par

des étrangers. L'extradition n'est en réalité que l'aveu de la compétence de la justice d'un autre pays. Comment alors empiéter sur les attributions de cette justice et examiner une question dont on lui réserve la connaissance ?

Quelle est maintenant la situation faite au réfugié à partir de son extradition? La mesure [illegible] a la disposition [illegible] au vœu de la loi, au moment d'être [illegible] dont elle ne présente pas les garanties.

Cette circulaire qui donne l'espérance d'une loi, fait droit à la plupart des réclamations qu'avait soulevées la procédure défectueuse suivie jusqu'alors.

Arrestation provisoire du réfugié. — L'accomplissement régulier de toutes les formalités que nous venons d'examiner, demande nécessairement un certain temps. Or le pays requérant peut avoir grand intérêt à ce que le prévenu soit arrêté avant que toutes ces formalités soient remplies. Aussi la procédure d'extradition s'ouvre le plus souvent par une demande d'arrestation provisoire. La manière dont cette arrestation doit être demandée et obtenue a beaucoup varié. Jusqu'en 1868, divers procédés, tous plus ou moins défectueux, furent employés successivement. Une nouvelle procédure fut introduite à cette époque; voici les

termes de la clause nouvelle qui a fait en 1868 l'objet d'une déclaration échangée avec la Bavière, les grands-duchés de Bade, d'Oldenbourg et l'Autriche :
« L'individu poursuivi pour l'un des faits prévus dans
« la convention, devra être arrêté préventivement
sur l'exhibition d'un mandat d'[...] [...] autre acte
[...] [illegible]
[...] [illegible]
[...] [illegible]
[...] [illegible]
[...] [illegible]
[...] [illegible]
[...] Ministre des Affaires étrangères [...] [illegible]
[...] [illegible]

Ainsi [...] [illegible] sur l'exhibition
d'un mandat d'arrêt ou sur l'avis de l'existence d'un
tel mandat donné par le télégraphe mais le tout par
voie diplomatique. L'arrestation ne *devrait* donc pas
avoir lieu si l'autorité judiciaire d'un pays envoyait
une dépêche à l'autorité judiciaire d'un autre. Cette
disposition a une utilité toute particulière quand on se
trouve en présence d'un pays qui ne se contente pas
d'un mandat d'arrêt pour accorder une extradition ;
le mandat d'arrêt devra lui suffire pour opérer l'arrestation provisoire. Pour les pays qui n'exigent que la
production d'un mandat d'arrêt, la clause est utile en
ce qu'elle décide que l'avis d'un tel mandat donné par
le télégraphe devra suffire.

L'arrestation provisoire a lieu dans les formes et
selon les règles établies par la législation du gouvernement requis. Elle cesse d'être maintenue si dans les
quinze jours à partir du moment où elle a été effectuée

ce gouvernement n'est pas saisi régulièrement de la demande de livrer le détenu.

La nouvelle clause de 1808 réalise un progrès sensible. Aussi elle régit aujourd'hui les relations de la France avec la Belgique, la Suède et la Norwège, la Suisse, l'Italie, le Pérou et la principauté de Monaco. Les dispositions de la loi anglaise n'ont pas permis de préciser d'une manière aussi formelle dans le traité de 1876 la clause relative à l'arrestation provisoire.

Saisie des objets emportés par le fugitif. — Après l'arrestation du prévenu, le pays requérant doit demander la saisie de tous les objets qui peuvent servir à constater le délit, ainsi que des objets provenant de vol. De même que l'arrestation du prévenu, la saisie de ces objets est effectuée dans les formes et suivant les règles établies par la législation de l'État requis. Dans les pays comme la France où le pouvoir exécutif est seul chargé de l'exécution de l'extradition, c'est aux autorités administratives que revient le soin de faire opérer la saisie et la restitution. Dans les pays où l'examen des affaires d'extradition appartient au pouvoir judiciaire, la solution de toute question relative aux objets trouvés en la possession de l'individu recherché, est laissée à ce même pouvoir.

Tous les traités signés depuis 1843 contiennent à ce sujet la clause suivante : « Tous les objets saisis en la » possession d'un prévenu lors de son arrestation, » seront livrés au moment où s'effectuera l'extradition, » et cette remise ne se bornera pas seulement aux » objets volés, mais comprendra tous ceux qui pour- » raient servir à la preuve du délit. » La convention

avec la Nouvelle-Grenade du 9 avril 1850, ajoute que
ces objets seront remis à la puissance réclamante,
soit que l'extradition puisse avoir lieu, l'accusé ayant
été arrêté, soit qu'elle ne puisse avoir son effet,
l'accusé s'étant de nouveau échappé ou étant décédé.
Cette dernière disposition a été encore complétée dans
le traité signé en 1869 entre la France et la Belgique ;
il décide que « sont réservés les droits que des tiers,
« non impliqués dans la poursuite, auraient pu ac-
« quérir sur les objets saisis. » Les traités conclus en
1874 avec le Pérou, en 1870 avec Monaco et la Grande-
Bretagne reproduisent cette clause.

*Poursuite ou condamnation dans le pays de refuge
de l'individu réclamé.* — L'individu dont l'extradition
est réclamée peut être poursuivi ou détenu dans le pays
où il s'est réfugié, soit pour des infractions commises
dans ce pays, soit à raison d'obligations contractées
par lui envers des particuliers.

Dans le cas de condamnation ou de poursuites criminelles, l'extradition n'aura lieu que lorsque la peine
encourue aura été subie, ou que le jugement aura été
rendu. Il faut en effet que la justice du pays de refuge
soit avant tout satisfaite. Les lois obligent tous ceux
qui habitent le territoire ; l'individu réclamé se trouve
régulièrement placé sous l'empire des lois locales qu'il
a violées ; il ne saurait donc être soustrait à leur application. C'est ce que décide la circulaire du Ministre
de la Justice du 5 avril 1841 : « Si l'étranger dont l'ex-
« tradition est accordée subit une peine en France, il
« ne pourra être livré qu'après que cette peine aura
« été subie. Si des poursuites ont été commencées
« contre lui, elles doivent être mises à fin ; s'il est

» acquitté, l'ordonnance d'extradition sera immédiate-
» ment exécutée ; s'il est condamné elle ne le sera
» qu'après sa peine subie. »

Mais il n'en est pas de même au cas de poursuites
civiles ; la circulaire ajoute en effet : « C'est dans l'in-
» térêt de la vindicte publique seule que l'extradition
» peut être retardée ; l'intérêt particulier ne pourrait
» être écouté, et en conséquence un créancier qui re-
» tient en prison un débiteur étranger dont l'extradi-
» tion serait accordée, ne saurait s'opposer à ce qu'il
» fût livré à la puissance étrangère qui l'a réclamé.
» En effet, par suite de l'extradition, l'étranger se
» trouve sous la main de la justice étrangère ; il est
» complétement à sa disposition, et l'assurance du
» payement d'une dette ne peut pas être mise en ba-
» lance avec l'utilité qu'il y a à punir un malfaiteur.
» Si dans un pareil cas, des créanciers réclamaient
» auprès de vous, vous n'auriez aucun égard à leurs
» réclamations ; et si, comme il y en a eu des exem-
» ples, ils s'adressaient aux tribunaux, vous soutien-
» driez l'incompétence de l'autorité judiciaire, et vous
» vous entendriez au besoin avec l'autorité adminis-
» trative pour que le conflit fût élevé. Le Conseil d'État
» a, le 2 juillet 1836, approuvé un arrêté de conflit
» rendu dans de semblables circonstances. »

Voici quelles sont ces circonstances : l'extradition
d'un sieur Casado, Espagnol, réfugié à Bayonne, avait
été poursuivie par ordonnance royale de 1836, conformément au traité du 29 septembre 1765. Le sieur Boi-
dron, négociant, créancier de Casado, ayant obtenu
contre lui un jugement qui prononçait la contrainte
par corps, le fit recommander par acte d'huissier dans

la prison où il était détenu. Un référé fut introduit sur
la validité de la recommandation et renvoyé à l'audience. Le préfet décline la compétence du tribunal en
soutenant que Casado, étant à la disposition du consul
espagnol, se trouvait fictivement sur le territoire espagnol, et qu'aucun acte ne pouvait entraver une extradition ainsi opérée. Le tribunal d'Orthez se déclara
compétent et le conflit fut élevé. L'ordonnance inter-
venue sur ce conflit est ainsi conçue : « Vu les ordon-
« nances réglementaires du 1er juin et du 12 mars
« 1831 ; vu les lois des 24 août 1790 et 21 fructidor
« an III ; vu les articles 12 et 13 de la Charte ; consi-
« dérant que, par notre ordonnance du 28 janvier
« 1806, nous avons ordonné que le sieur Pierre Casado
« serait recherché, arrêté et mis à la disposition du
« gouvernement espagnol, comme prévenu de crimes
« commis en Espagne ; que l'arrestation de cet étran-
« ger a été effectuée en vertu de notre ordonnance et
« son extradition commencée ; que le sieur Boudron
« se disant créancier du sieur Casado, a prétendu à
« ce titre, s'opposer à l'extradition, a fait recomman-
« der le sieur Casado dans la maison d'arrêt d'Orthez,
« et a formé devant le tribunal de la même ville
« une demande tendant à ce qu'il y fût gardé
« nonobstant tout ordre d'extradition ; que cette de-
« mande avait pour objet de soumettre à l'autorité
« judiciaire l'appréciation d'un acte de haute adminis-
« tration, fait en vertu d'un traité diplomatique, et
« qu'une question de cette nature ne pouvait dès lors
« être soumise à l'autorité judiciaire : Article 1er :
« L'arrêté de conflit du 8 avril 1836 est approuvé.
« Article 2 : Les assignations données au nom du sieur

« Boldron les 12 et 8 mars 1836 et le jugement du 31
» du même mois, rendu par le tribunal d'Orthez, seront
» considérés comme non avenus. »

Tels sont les principes que consacre le droit conven-
tionnel. C'est dans le traité franco-sarde de 1838 qu'a
été insérée la première stipulation relative aux poursuites intentées dans le pays de refuge : « Si l'individu
» dont l'extradition est demandée, était poursuivi ou
» avait été condamné dans le pays où il s'est réfugié,
» pour crimes ou délits commis dans le même pays,
» *il ne pourra être livré* qu'après avoir subi la peine
» prononcée contre lui. » Cette stipulation se retrouve
dans tous les traités conclus jusqu'en 1847. La clause a
toujours le caractère obligatoire : en cas de poursuites
criminelles dans le pays de refuge l'extradition n'est
pas possible.

Mais ce caractère obligatoire disparaît dans la plupart des traités conclus depuis 1847 : « Si l'individu
» réclamé, disent ces traités, est poursuivi ou se trouve
» détenu pour un crime ou délit qu'il a commis dans
» le pays où il s'est réfugié, son extradition *pourra*
» *être différée* jusqu'à ce qu'il ait subi sa peine. Dans
» le cas où il serait poursuivi ou détenu dans le même
» pays, à raison d'obligations par lui contractées
» envers des particuliers, son extradition aura lieu
» néanmoins, sauf à la partie lésée à poursuivre ses
» droits devant l'autorité compétente. » Pourtant quelques traités ont conservé à la clause son caractère
obligatoire, notamment, les traités avec l'Autriche
(1855), Parme (1856), le Chili (1860), la Suède (1869),
la Suisse (1870).

§ 3.

REMISE DE L'EXTRADÉ.

Supposons la demande d'extradition régulièrement formée et l'examen dont elle a été l'objet terminé sans qu'il ait fait découvrir aucun vice de fond ni de forme. L'extradition est alors accordée et c'est au pouvoir exécutif qu'il appartient de l'ordonner. En France, elle est autorisée par un décret du président de la République.

L'acte d'extradition doit contenir la désignation exacte de l'individu extradé, sa nationalité, les chefs d'accusation ou de condamnation pour lesquels l'extradition est autorisée, car le prévenu ne doit être jugé que pour les faits qui ont motivé sa remise au pays requérant. L'acte doit faire en outre mention des conditions sous lesquelles l'extradition peut être accordée; il peut par exemple porter que l'extradition n'aura lieu que lorsque le prévenu aura satisfait à la justice du pays requis; que l'extradé devra être restitué après son jugement dans le pays requérant pour achever la peine qu'il subissait dans le pays requis, etc.

Notification de l'acte d'extradition est faite ensuite par voie diplomatique à l'État requérant. Toutes les puissances, à l'exception de l'Angleterre et des États-Unis, admettent en effet que l'acte d'extradition ne leur sera communiqué ni en original ni en copie.

Ces formalités remplies, il est procédé à la remise de l'individu extradé. Lorsque le prévenu est livré au gouvernement français, il est d'abord remis à l'auto-

rité administrative, puis reçu par le procureur général
qui prend des mesures pour sa translation au lieu où
l'accusation doit être purgée. L'autorité administrative
remet l'ordre de conduite ou tout autre document
équivalent qui suffit pour saisir le procureur général
du lieu où est transféré le prévenu. (Circulaire ministérielle du 5 avril 1811.)

Quel est le tribunal compétent pour juger l'extradé?
Il faut distinguer selon que l'infraction a été commise
en France ou à l'étranger. Dans le premier cas, le tribunal compétent sera celui du lieu où a été commise
l'infraction. Dans le second cas, si le prévenu a un
domicile en France, c'est le tribunal de ce domicile qui
sera compétent; si le prévenu n'a pas de domicile en
France, la question est plus délicate. Nous croyons,
en nous appuyant sur l'article 6 du Code d'instruction
criminelle, que la Cour de cassation pourra renvoyer
la connaissance de l'affaire devant la cour d'assises où
le tribunal le plus voisin du lieu du crime ou du délit.

Il a été jugé que le Français qui, s'était réfugié à
l'étranger pour échapper à des poursuites correctionnelles, a été reconduit à la frontière en vertu d'une
mesure d'expulsion émanée des autorités de ce pays,
et motivée par exemple sur son état de vagabondage,
n'est pas fondé, en cas d'arrestation en France pour
l'exécution des mandats décernés contre lui, à se prétendre victime d'une extradition opérée en dehors des
traités, l'extradition supposant une remise directe de
l'individu par les agents d'un pays aux agents de
l'autre. (Arrêt de la Cour de cassation du 8 mai 1800.
— Affaire Oulard).

Lorsqu'au contraire, c'est le gouvernement français

qui accorde l'extradition, c'est encore à l'autorité administrative que l'exécution en est confiée. A elle seule appartient le droit de prendre les moyens de surveillance et d'adopter les mesures de police qui peuvent empêcher l'étranger dont on demande l'extradition d'échapper aux poursuites commencées contre lui hors de France. C'est à elle aussi à donner les ordres nécessaires pour le faire conduire à la frontière et remettre aux autorités étrangères. (Circulaire du 5 avril 1841.)

On peut rapprocher du même principe une décision de la Cour de cassation qui a jugé que l'article 272 du Code pénal, qui défère au tribunal correctionnel la connaissance du fait de vagabondage imputé à un étranger, ne l'autorise pas à ordonner que celui qu'il condamne sera conduit par la gendarmerie jusqu'aux frontières de France. L'article 272 porte formellement en effet que l'expulsion se fera alors *par les ordres du gouvernement*. Le tribunal déclare le vagabondage, et l'autorité administrative apprécie la nécessité d'expulser. (Arrêt du 9 septembre 1826. — Affaire Muzzioli.)

Transit. — Si l'extradition est accordée à un pays limitrophe, elle s'accomplit sans difficulté; mais il peut arriver que l'État qui a obtenu l'extradition soit séparé de l'État requis par un autre pays. Il doit alors s'adresser à ce pays intermédiaire pour lui demander de coopérer à l'extradition, en voulant bien permettre le passage sur son territoire de l'individu arrêté. On appelle cette demande : *demande d'autorisation de transit.* Elle doit être adressée par la voie diplomatique. En principe, le pays intermédiaire est tenu de défèrer à cette requête, car les États se doivent un concours réciproque pour assurer le respect des lois. Mais il est évident que le transit doit être soumis à certaines conditions. C'est une conséquence de la souveraineté du pays qui l'autorise. Il ne doit être accordé que dans le cas où l'extradition elle-même l'aurait été, si le prévenu avait été arrêté sur le territoire même du pays auquel la demande de transit est adressée. Par conséquent, il sera refusé si l'extradition s'applique à un national de l'État intermédiaire, si elle est autorisée pour un délit politique, etc. Le gouvernement requis doit donc examiner chaque demande de transit qui lui est adressée, et vérifier s'il y a lieu de se prêter à la mesure d'extradition pour laquelle son concours est réclamé.

Jusqu'en 1869, la question du transit n'a pas fait l'objet d'un examen approfondi dans les traités. Les conventions conclues par la France avec la Bavière (1869), la Suisse (1870), l'Italie (1870), contiennent la clause suivante : « L'extradition par voie de transit sur « le territoire. . . . ou français d'un individu n'appar-« tenant pas au pays de transit, et livré par un autre « gouvernement à l'une des parties contractantes, sera « autorisée sur simple demande par voie diplomatique « appuyée des pièces nécessaires pour établir qu'il ne « s'agit pas d'un délit politique ou purement militaire. « Le transport s'effectuera par les voies les plus rapi-« des, sous la conduite d'agents du pays requis, et aux « frais du gouvernement réclamant. »

L'Allemagne, la Suisse et l'Italie ont conclu un traité spécial à ce sujet le 25 juillet 1873.

Frais. — Toute extradition entraîne nécessaire-

ment certains frais. En principe, ils devraient être à la
charge du gouvernement requérant ; car c'est uniquement
dans son intérêt que l'extradition a lieu. Mais en
pratique, l'application de ce principe serait difficile ;
les frais sont, en effet, avancés par l'État requis, puisqu'ils sont faits sur son territoire. Il faudrait donc
qu'il en demandât le remboursement à l'État requérant,
ce qui donnerait lieu à un échange de correspon-
dances, peut-être à des réclamations. Aussi la plupart
des traités actuels décident que les frais resteront à la
charge de l'État requis. Il s'opère ainsi une sorte de
compensation.

CHAPITRE VI.

DES EFFETS DE L'EXTRADITION.

Les effets de l'extradition doivent être examinés à
deux points de vue : au point de vue des pouvoirs et
des obligations de l'autorité judiciaire, et au point de
vue de la situation de l'extradé.

SECTION I. — DES POUVOIRS ET DES OBLIGATIONS DE L'AUTORITÉ JUDICIAIRE.

Nous croyons pouvoir résumer les pouvoirs et les
obligations de l'autorité judiciaire dans les cinq propositions suivantes :

1° Les tribunaux doivent appliquer et non interpréter les traités d'extradition ;

2° Ils ne doivent juger l'extradé que sur les chefs d'accusation pour lesquels l'extradition a été accordée;

3° La légalité d'une extradition doit être appréciée sur le titre originaire de la poursuite ;

4° Les questions d'extradition ne peuvent être une cause de sursis au jugement :

5° Les tribunaux ne sont pas compétents pour ordonner le renvoi de l'extradé à la frontière.

§ Ier.

LES TRIBUNAUX DOIVENT APPLIQUER ET NON INTERPRÉTER LES TRAITÉS D'EXTRADITION.

L'extradition constitue à la fois une convention entre deux nations soumises aux règles du droit des gens, et un acte de haute administration de la part de chacun des deux gouvernements qui l'ont consentie. « Sous ces deux rapports, dit M. Faustin Hélie[1], il ne » peut être permis aux juges d'en apprécier les ter- » mes et de les interpréter. Comme convention, c'est » aux deux gouvernements signataires qu'il appar- » tient de l'expliquer; comme acte administratif, c'est » au pouvoir exécutif dont il émane dans chacun des » deux pays qu'il appartient d'en fixer le sens. Com- » ment les juges pourraient-ils s'immiscer dans cette » appréciation? Les traités et les conventions diplo- » matiques seraient-ils donc soumis à leur sanction ? » Pourraient-ils sans excès de pouvoir déclarer que

[1] Loc. cit., p. 712.

« tel a été le sens de telle convention, que telle doit
« être sa limite? Ils pourraient donc aussi déclarer
« une clause, une extradition illégale et l'annuler? Et
« puis quels seraient les résultats de leurs décisions?
« Feraient-ils reconduire à la frontière le Français ir-
« régulièrement livré à la France? Mais en vertu de
« quelle disposition de loi? Où puiseraient-ils leur
« pouvoir? »

C'est en effet un principe supérieur et qui domine
toute la matière de l'extradition que celui qui interdit
à l'autorité judiciaire d'expliquer ou d'interpréter une
convention d'extradition. Toute concession d'une extradition demandée est, de la part de la puissance qui
l'accorde, un acte de souveraineté qui ne peut créer
de droits et de rapports que de gouvernement à gouvernement, et qui, par conséquent, échappe à l'interprétation des tribunaux. Quelques arrêts avaient, il
est vrai, consacré en matière civile ce principe que
les traités diplomatiques constituent « de véritables
lois, » et non de simples actes administratifs. Arrêts
de la Cour de cassation des 24 juin 1839 — 11 août
1811.) Mais par ses arrêts les plus récents, la Cour de
cassation a posé en thèse d'une façon très nette que
les traités d'extradition « sont des actes de haute ad-
« ministration, reposant généralement sur des néces-
« sités ou même sur de simples convenances interna-
« tionales, et qui échappent à toute appréciation et à
« tout contrôle de l'autorité judiciaire qui n'a pas à
« s'enquérir des motifs qui ont déterminé l'extradi-
« tion. » Arrêts des 18 juillet 1851 — 23 décembre
1852 — 1 mai 1865.)

C'est aussi ce que rappelle une dépêche du Ministre

de la Justice du 25 novembre 1866, relative à l'affaire Lamirande. Ce Lamirande, caissier de la succursale de la Banque de France à Poitiers, après avoir commis d'importants détournements, était parvenu à gagner le Canada. Son extradition avait été obtenue et la cour d'assises de la Vienne était appelée à le juger. Les défenseurs déposèrent des conclusions tendant à ce que la cour d'assises se reconnût compétente pour déclarer la nullité de l'extradition. Le ministère public demanda à la cour d'ordonner que ces conclusions ne fussent pas développées, comme échappant à ses attributions et à sa compétence. Il donna alors lecture de la dépêche adressée par le Garde des Sceaux au procureur général de la cour de Poitiers, portant « qu'il
» appartient au gouvernement seul d'examiner, avec
» la bonne foi qui préside à ses relations diplomati-
» ques, les observations qui viendraient à lui être
» présentées par un gouvernement étranger; les tri-
» bunaux français sont incompétents, d'après une
» jurisprudence constante, pour résoudre ces ques-
» tions diplomatiques qui ne peuvent par conséquent
» êtres débattues utilement devant eux. » C'est dans
ce sens que la cour d'assises rendit son arrêt le 3 décembre 1866; elle rejeta les conclusions de la défense.
« Attendu que, en droit, les traités d'extradition sont
» des actes de haute administration intervenus entre
» deux puissances dans un intérêt général de moralité
» et de sécurité sociales; que le principe fondamental
» de la séparation des pouvoirs s'oppose à ce que la
» justice française puisse s'immiscer dans l'*interpré-
» tation et l'application* des actes de gouvernement
» qui livrent les accusés à sa juridiction. »

De même un arrêt de la cour d'assises de la Charente du 8 mai 1867 (affaire Quesson), confirmé par la
Cour de cassation le 6 juin de la même année, décide
« qu'il est de jurisprudence constante que les traités
» d'extradition concertés et arrêtés entre la France et
» les puissances étrangères sont des actes adminis-
» tratifs. » Notons encore les arrêts de la Cour de
cassation du 1 juillet 1867 (affaire Rennequin-Charpen-
tier), du 25 juillet 1867 (affaire Faure de Monganot), et
du 26 juillet 1867 (affaire Guérin). « Attendu, dit ce
» dernier arrêt, que les traités et les conventions
» d'extradition sont des actes de haute administration
» qui interviennent entre deux puissances et que seules
» lesdites puissances peuvent expliquer ou interpréter
» quand il y a lieu. » Citons enfin la circulaire du Ministre de la Justice du 30 juillet 1872 qui se termine
par ces mots : « Les règles, en cette matière sont du
» domaine du droit international et échappent entière-
» ment au contrôle de l'autorité judiciaire qui puise
» dans la seule remise de l'inculpé, renvoyé réguliè-
» rement devant elle, les pouvoirs nécessaires pour le
» juger, sauf les réserves consenties par le gouverne-
» ment français envers le gouvernement étranger. »

Le principe est donc bien établi : les tribunaux sont
incompétents pour apprécier la validité des traités
d'extradition. Cette incompétence, ainsi que l'exprime
l'arrêt de la cour d'assises de la Vienne du 3 décembre
1866 que nous avons cité, résulte du principe fondamental de la séparation des pouvoirs. Il est défendu en
effet à tous juges de troubler de quelque manière que
ce soit les opérations des autorités administratives, à
tous tribunaux de connaître des actes d'administra-

tion de quelque espèce qu'ils soient, ou d'entreprendre sur les fonctions administratives. (Lois des 16 et 24 août 1790, titre 2, article 13 ; du 16 fructidor an III ; constitution du 3 septembre 1791, titre 3, chapitre 5, article 3.)

C'est ce que rappelle le réquisitoire du procureur général dénonçant à la Cour de cassation un arrêt de la Cour de Paris du 1er février 1867 (affaire Rennençon-Charpentier, et en réclamant l'annulation et la censure. Or, les conséquences les plus naturelles et les plus incontestables du principe de la séparation de l'autorité administrative et de l'autorité judiciaire sont que cette dernière autorité doit s'abstenir, non seulement d'annuler, mais même d'apprécier et d'interpréter les actes administratifs. « La jurisprudence du « Conseil d'État, dit M. Dufour[1], a érigé cette inter- « diction en règle positive par des décisions si nom- « breuses, et la Cour de cassation elle-même se mon- « tre si soumise à son empire, qu'il n'y a plus à le « contester. »

Comment, d'ailleurs, l'autorité judiciaire pourrait-elle interpréter un traité d'extradition qui n'a rien d'absolu, qui est énonciatif et non restrictif, qui peut être étendu suivant les convenances des gouvernements respectifs, par un simple échange de notes, même à des crimes et à des délits non prévus au traité ? Comment enfin pourrait être exécuté un arrêt de la Cour d'assises qui annulerait une extradition ? Il ne pourrait qu'ordonner la mise en liberté de l'extradé, et

[1] *Traité pratique du droit administratif appliqué, 2e édition, t. I, p. 27.*

cette mise en liberté serait illusoire, puisqu'il pourrait être régulièrement arrêté sur le sol de la France. Pour avoir quelque force d'exécution, il faudrait qu'il eût le droit de faire reconduire l'extradé à la frontière; or, une semblable immixtion de l'autorité judiciaire dans les mesures de police du ressort exclusif de l'administration, est avec raison, ainsi que nous le verrons plus loin, formellement repoussée par la Cour de cassation.

Mais si les tribunaux ne doivent pas interpréter les actes d'extradition, ils ont pleine compétence pour en faire l'application, lorsque le sens et la portée en sont clairs: C'est ce que décide un arrêt de la cour d'assises du Bas-Rhin du 10 juin 1867 (affaire Guérin : « Attendu que si des doutes pouvaient s'élever sur « l'interprétation à donner à l'acte d'extradition, ce ne « serait point à l'autorité judiciaire qu'il appartiendrait « d'en connaître, le gouvernement ayant seul le droit « de fixer la portée des actes et documents de l'espèce, « et d'en interpréter les termes; attendu, en l'état, que « la Cour ne saurait se refuser à prononcer une con- « damnation, sans s'immiscer dans une appréciation « qui lui est interdite. » La Cour de cassation a con- firmé cette décision le 26 juillet 1867 : l'arrêt de la Cour suprême, dont nous avons déjà cité une partie, conti- nue ainsi : « Attendu qu'il appartient essentiellement « à l'autorité judiciaire de faire l'application des traités « aux espèces, lorsque leur sens et leur portée sont « clairs et ne présentent pas d'ambiguité. »

M. Dareste[1] s'exprime ainsi : « Chacune des deux

---

[1] La justice administrative en France, p. 20.

» autorités administrative et judiciaire est exclusive-
» ment compétente pour *interpréter* les actes émanés
» d'elle-même. Lorsque ces actes sont clairs et n'ont
» pas besoin d'être interprétés, ils peuvent être indis-
» tinctement *appliqués* par l'une ou par l'autre. » La
Cour de cassation, dans un arrêt du 26 février 1834, dit
que : « s'il en était autrement, il pourrait dépendre
» d'une partie de paralyser entièrement le pouvoir et
» le devoir qu'ont les tribunaux d'*appliquer* les actes
» administratifs qui leur sont présentés lorsque cette
» application ne nécessite pas l'interprétation préa-
» lable dudit acte. » De son côté, M. Bertauld[1] dit que :
« si les termes de la convention d'extradition offrent
» de l'équivoque, l'autorité judiciaire, compétente
» pour l'*appliquer*, n'est pas compétente pour l'inter-
» préter. »

Autre chose en effet est l'interprétation d'un acte
administratif ou diplomatique dont le sens serait douteux, autre chose la simple application des effets
légaux d'une extradition effectuée, d'après laquelle le
juge de répression saisi n'a qu'à décider, selon la loi
française, une question de compétence. C'est donc à
tort que l'arrêt de la cour d'assises de la Vienne cité
plus haut porte le mot *application* à côté du mot *interprétation*. Il faut croire, ainsi que le fait remarquer
M. Ducrocq[2], que la cour a voulu parler d'une part, de
l'*interprétation* du traité, et d'autre part, de l'*application* qui en a été faite par la France et la Grande-

[1] *Cours de code pénal et leçons de législation*, 2e édition, p. 551 et suiv.
[2] *Examen doctrinal de la jurisprudence en matière d'extradition*, p. 57.

Bretagne au sujet de l'extradition de Lamirande, c'est-à-dire des actes particuliers d'exécution du traité, actes dans lesquels la cour n'avait pas, en effet, le droit de s'immiscer.

La doctrine est unanime sur ce point. Nous avons vu déjà comment s'exprimaient MM. Faustin Hélie, Dareste et Bertauld ; citons encore MM. Trolley[1], Foucart[2], Trébutien[3], Ducrocq[4].

§ 2.

LES TRIBUNAUX NE DOIVENT JUGER L'EXTRADÉ QUE SUR LES CHEFS D'ACCUSATION POUR LESQUELS L'EXTRADITION A ÉTÉ ACCORDÉE.

C'est un principe qui ne saurait être méconnu que celui qui veut que le jugement n'ait lieu par les tribunaux français qu'à l'égard des chefs d'accusation pour lesquels l'extradition a été accordée. La jurisprudence est fixée dans ce sens depuis longtemps. Un arrêt de la cour d'assises du Pas-de-Calais du 15 février 1843 décide que : « l'extradition n'est accordée que pour » l'objet déterminé dans la demande qui en a été faite ; » que les conséquences de l'extradition ne peuvent » pas s'étendre au-delà du fait qui l'a motivée ; que ce » serait violer les principes du droit des gens que de » ne pas s'en tenir à l'objet et à la cause de l'extra-

---

[1] *Traité de la hiérarchie administrative*, t. I, p. 100.
[2] *Éléments de droit public et administratif*, t. I, p. 191 et 201.
[3] *Droit criminel*, t. II, p. 151.
[4] *Loc. cit.*, p. 84 et suiv.

» dition. » Un arrêt de la Cour de cassation du 24 juin 1847 (affaire Pascal) décide que lorsque l'extradition n'a été accordée que sur quelques-uns des chefs de l'accusation, le condamné ne peut se plaindre de ce que le jury n'a été interrogé que sur les seuls chefs autorisés par l'ordonnance d'extradition, « at-
» tendu qu'il est de principe, en matière d'extradition,
» que l'extradition n'est accordée que pour l'objet dé-
» terminé dans la demande qui en a été faite. »

Nous avons déjà cité une décision du conseil de révision de Paris du 20 décembre 1861 cassant un jugement du premier conseil de guerre de Lille qui avait jugé pour vol et pour désertion un militaire qui n'avait été extradé par la Suisse que pour vol et non pour désertion. De même un arrêt de la Cour de cassation du 4 mai 1865 dispose que « le Français arrêté
» sur un territoire étranger et livré à son gouverne-
» ment pour être jugé à raison de crimes commis en
» France, doit répondre à la justice de tous les faits à
» raison desquels l'extradition a été accordée. » Ci-
tons enfin l'arrêt de la cour d'assises de la Vienne du 3 décembre 1866 (affaire Lamirande) ainsi conçu :
« Attendu qu'il est de principe que l'accusé ainsi ex-
» tradé ne peut être jugé contradictoirement par la
» cour d'assises que sur les chefs d'accusation pour
» lesquels son extradition a été accordée. »

Les circulaires ministérielles confirment la règle suivie par la jurisprudence. La circulaire de 1841 porte que « comme les actes d'extradition sont non-
» seulement personnels à celui qu'on livre, mais qu'ils
» énoncent en outre le fait qui donne lieu à extradi-
» tion, l'individu qu'on a livré ne peut être jugé que

« sur ce fait. Si pendant qu'on procède à l'instruction
« du crime pour lequel il est livré, il surgit des preuves
« d'un nouveau crime pour lequel l'extradition pour-
« rait être également accordée, il faut qu'une nouvelle
« demande soit formée à cet effet. » C'est aussi ce que
dit la dépêche du Ministre de la Justice relative à l'affaire Lamirande. Un arrêt de la Chambre des mises en
accusation de la cour de Poitiers avait renvoyé Lamirande devant la cour d'assises de la Vienne, sous la
triple accusation de vol qualifié crime, abus de confiance qualifié et faux en écritures de commerce. Or,
le traité d'extradition de 1843 entre la France et l'Angleterre autorise l'extradition pour le faux, mais non
pour les deux autres crimes, et l'extradition de Lamirande n'avait été accordée que pour le faux et non pour
les faits de vol et d'abus de confiance. C'est ce que
constate la dépêche ministérielle qui se termine par ces
instructions données au procureur général de la cour
de Poitiers : « Vous devrez vous conformer à la con-
« vention diplomatique et à mes instructions en re-
« quérant que l'accusé ne soit jugé que sur le chef de
« faux, à moins que l'accusé n'accepte volontairement
« la décision du jury sur les autres points. »

La doctrine est ici presque unanimement d'accord
avec la jurisprudence. « Le prévenu extradé, dit
« M. Faustin Hélie[1], ne doit pas être mis en juge-
« ment pour un fait autre que celui qui fait l'objet de
« l'extradition. » M. Legraverend[2] cite une décision
qui a fait application de ce principe en déclarant qu'un

[1] Loc. cit., p. 719.
[2] *Législation criminelle*, t. I, p. 113.

accusé livré par un gouvernement étranger et acquitté de l'accusation qui avait motivé l'extradition, n'avait pu être mis en jugement à raison d'une autre accusation qui avait donné lieu à un arrêt de contumace, mais qui n'avait pas été rappelée dans la demande d'extradition. Nous pouvons citer encore MM. Mangin[1], Trébutien[2], Bertauld[3], Fœlix et Demangeat[4], Ducrocq[5].

Pourtant ce principe est combattu par M. Bonafos, juge au tribunal de Lyon, dans un ouvrage qu'il a fait paraître en 1866[6]. Il soutient que l'autorité judiciaire peut juger l'extradé même sur des chefs d'accusation autres que ceux pour lesquels l'extradition a été autorisée. Il invoque l'indépendance de l'autorité judiciaire rappelée dans un arrêt de la Cour de cassation du 5 décembre 1845, et cite un jugement correctionnel du tribunal de Lyon en date du 9 août 1866, confirmé par arrêt du 8 septembre 1866. Suivant lui, la poursuite veut qu'il y ait jugement et condamnation ; la justice doit prononcer, sauf au gouvernement à mettre le condamné en liberté ou à le faire reconduire à la frontière. Nous verrons tout-à-l'heure que M. Bonafos fait là une confusion entre la mission de la chambre des mises en accusation et celle de la cour d'assises.

Le motif de la règle presque universellement admise est facile à déterminer : s'il n'y avait pas eu extradition accordée par l'autorité du lieu de refuge ; la cap-

---

[1] Loc. cit., p. 151.
[2] *Droit criminel*, t. II, p. 141.
[3] *Cours de code pénal*, 2ᵉ édit., p. 599.
[4] *Droit international*, t. II, nᵒˢ 609 et 613, note 6.
[5] Loc. cit., p. 99 et suiv.
[6] *Traité de l'extradition*, p. 57-61.

ture de l'accusé hors du territoire de la nation qui veut le juger serait une illégalité dont il pourrait exciper devant ses juges. C'est l'extradition qui valide l'arrestation du prévenu. Il faut donc voir si elle a été accordée pour tel crime seulement ou pour tous ceux qui étaient compris dans le mandat d'arrêt produit pour l'obtenir. Cela importe à l'administration de la justice au double point de vue du respect dû aux actes diplomatiques et des droits de la défense. Par conséquent, toutes les fois que l'acte opérant une extradition l'a limitée, en exprimant que l'extradé est livré pour tel crime et non pour telle autre infraction, comprise aussi dans les actes de poursuite ou dans la demande, les juges devant lesquels l'extradé comparaît n'ont compétence pour un débat contradictoire qu'à l'égard du crime ainsi poursuivi ; ils violeraient les principes sur l'extradition et la loi criminelle elle-même, s'ils voulaient juger en même temps les autres infractions.

Maintenant, comment la cour d'assises qui, d'après le principe de la séparation des pouvoirs, ne peut pas, ainsi que nous l'avons vu dans le paragraphe précédent, s'enquérir des faits et circonstances qui ont accompagné l'extradition, pour en prononcer la validité, a-t-elle le droit et même le devoir de s'occuper de ces faits et circonstances pour limiter sa juridiction ? Le principe de la séparation des pouvoirs ne s'y oppose-t-il donc plus ? La réponse est donnée par tous les auteurs qui se sont occupés des lois de 1790, 1791 et de l'an III, et qui ont déterminé l'exacte portée du principe de la séparation des pouvoirs. Elle consiste dans la différence qu'il y a entre *interpréter* et *appliquer* les actes administratifs. Ainsi que nous l'avons vu, l'application de ces actes *doit* être faite par l'autorité judiciaire, mais l'interprétation leur en est interdite. Or, décider de la validité d'une extradition, c'est évidemment l'apprécier ; au contraire, juger l'extradé sur les seuls chefs d'accusation pour lesquels l'extradition a été accordée, c'est purement et simplement faire l'application du traité.

De ce droit d'application qui appartient aux magistrats, M. Ducrocq[1] conclut, avec raison nous semble-t-il, qu'ils peuvent demander la production de l'acte d'extradition soit en original, soit en copie certifiée, et surseoir jusqu'à cette production. M. Billot[2] combat cette opinion : « Le pouvoir judiciaire, dit-il, à aucun
» titre, n'est fondé à réclamer la production de cet
» acte d'extradition. Un seul principe ressort incon-
» testablement de la nature des choses, c'est que les
» tribunaux doivent appliquer les conventions d'ex-
» tradition et se conformer aux engagements pris par
» le gouvernement. Quant au moyen par lequel la
» teneur de ces engagements parviendra à la connais-
» sance du pouvoir judiciaire, il n'est pas déterminé.
» Le pouvoir judiciaire n'a qu'à se conformer dans le
» rôle passif qui lui est dévolu par ses attributions,
» jusqu'au moment où, par quelque voie que ce soit,
» les obligations résultant de l'extradition viennent à
» sa connaissance. C'est au pouvoir exécutif, partie
» active dans la procédure d'extradition, qu'il appar-
» tient de notifier les conditions acceptées par lui et

[1] Loc. cit., p. 60 et suiv.
[2] Loc. cit., p. 318 et suiv.

« obligatoires pour le pouvoir judiciaire ; le choix du
» moment et des moyens qu'il convient de prendre à
» cet effet, lui est aussi réservé. »

L'idée essentielle est donc que l'extradition est un
acte qui intervient entre deux gouvernements et qui
ne doit ni améliorer, ni empirer l'état de l'extradé. Le
gouvernement requérant lié par la convention en vertu
de laquelle l'extradition lui a été accordée, ne peut
exercer de poursuites contre le prévenu que du chef
des faits visés par l'acte d'extradition. Pour les autres
faits qui seraient antérieurs à la demande d'extradition, on procédera comme si l'extradé était absent. Tel
est le sens de notre règle. Rien n'empêche donc qu'il
soit jugé par défaut.

Il faut faire sur ce point une différence entre la
chambre des mises en accusation et la cour d'assises.
La chambre d'accusation, lorsqu'elle est saisie de la
procédure, doit statuer sur toutes ses circonstances
sans s'arrêter aux réserves de l'extradition. C'est précisément pour les chambres d'accusation que l'arrêt de
cassation de 1845, cité par M. Bonafos, a dit que la
réserve mise à l'extradition était étrangère aux attributions de l'autorité judiciaire, et ne devait pas empêcher le renvoi aux assises. Mais la question est tout
autre pour le jugement et c'est en quoi consiste la
confusion qu'a faite M. Bonafos. Le débat contradictoire devant le jury ne pouvant avoir lieu pour le crime
à l'égard duquel l'extradition a été refusée, cela n'empêchera pas le jugement par contumace.

Voici dans quelles circonstances fut rendu cet arrêt
de la Cour de cassation : Un individu nommé Grandvaux, sous le coup d'une double inculpation de faux en

écriture privée et d'enlèvement de mineure, s'était réfugié en Toscane. En vertu d'un traité récent d'extradition qui ne comprenait que le premier de ces deux
crimes, il fut livré aux autorités françaises pour celui-
là seulement. La chambre d'accusation ne trouva pas
de charges suffisantes relativement à ce crime, mais en
trouvant à l'égard de l'autre, elle prit la décision suivante : « Attendu qu'il y a présomption suffisante que
» Grandvaux a trompé le père et la fille et qu'il a em-
» ployé les moyens de fraude et de violence prévus
» par l'article 354 du Code pénal ; que s'il est vrai que
» le prévenu n'a été extrait que pour le crime de faux,
» il n'en résulte pas qu'il ne puisse être procédé contre
» lui pour le crime d'enlèvement de mineure, *mais
» que seulement il doit être procédé comme à l'égard
» d'un contumace* ; déclare qu'il n'y a lieu à suivre
» contre Grandvaux sur le crime de faux ; le déclare
» suffisamment prévenu du crime d'enlèvement de mi-
» neure, *ordonne qu'il sera pris au corps et transféré
» dans la maison de justice.* »

La Cour de cassation décida, tout en rejetant le
pourvoi du ministère public, que la disposition de l'arrêt qui considérait la détention comme fictive était
étrangère aux attributions de la chambre d'accusation ;
mais comme cette réserve n'était rappelée qu'à titre de
considération et que d'ailleurs la présence ou l'état de
contumace de l'accusé ne pouvait porter aucune atteinte
à la compétence de la cour d'assises, ni en modifier
l'exercice, la Cour suprême jugea que cette simple mention ne devait pas entraîner la cassation de l'arrêt. Du
reste, en insérant cette réserve, non seulement la
chambre d'accusation dépassait les limites de sa com-

pétence, mais elle s'exprimait encore inexactement ; en effet, dans le cas où pour une cause quelconque le gouvernement n'aurait pas imposé son office, mais aurait laissé le prévenu comparaître en cour d'assises, il semble qu'il aurait été bien et dûment jugé contradictoirement et non pas par contumace, puisque d'après une jurisprudence constante, la cour d'assises ne doit avoir nul égard pour l'acte et les conditions de l'extradition qui échappent à son appréciation. La mise en jugement aurait été, il est vrai, une violation du traité, l'exécution du jugement en eût été une autre, mais le pouvoir judiciaire se serait tenu dans la stricte légalité.

Le droit qu'a la chambre des mises en accusation d'apprécier tous les chefs d'accusation est donc certain. Supposons en effet que l'extradition du prévenu ait été complétement refusée ; il aurait été déféré par contumace à la justice de son pays et il aurait pu être mis en jugement sur tous les chefs d'accusation ou sur l'un d'eux indistinctement. De ce que l'extradition l'a mis entre les mains de l'autorité française, la compétence de la chambre d'accusation a-t-elle pu en être affectée ? Non évidemment. Le prévenu doit donc être renvoyé en cour d'assises, abstraction faite de l'acte d'extradition. Si la chambre d'accusation ne prononçait pas ce renvoi, elle violerait l'article 231 du Code d'instruction criminelle, aux termes duquel il suffit qu'une infraction soit qualifiée crime par la loi française et que des charges suffisantes existent contre le prévenu, pour que la chambre d'accusation doive le renvoyer devant la cour d'assises.

Mais si la chambre des mises en accusation n'a pas

à s'occuper des réserves imposées à l'extradition, il n'en est pas de même de la cour d'assises. Celle-ci doit, quand elle est saisie de l'arrêt de renvoi de deux accusations dont une seule a donné lieu à extradition, scinder les débats si cette division est possible, et dans tous les cas ne poser au jury que les questions qui se rapportent au fait qui a été l'objet de la mesure d'extradition; à l'égard de l'autre fait, elle doit procéder comme en matière de contumace. C'est ce que dit M. Faustin Hélie[1]. C'est aussi ce que décide un arrêt de la Cour de Paris du 21 mai 1807 ainsi conçu: « Considérant que l'extradition n'ayant été accordée que » pour le crime de banqueroute frauduleuse, Faure de »' Monginot ne peut être jugé dans l'état où il se trouve » sur les délits d'escroquerie et d'abus de confiance » qui lui sont reprochés, sauf à procéder contre lui » par défaut ou autrement s'il y a lieu. » De même un arrêt de la Cour de cassation du 25 décembre 1873 (affaire Huguet) dispose que quand un accusé comparaît devant la cour d'assises en vertu d'un traité d'extradition qui ne l'a livré que pour un cas déterminé, par exemple pour banqueroute frauduleuse, le président des assises ne viole pas les articles 336 et 337 du Code d'instruction criminelle et ne nuit pas à l'accusé en n'interrogeant le jury que sur l'existence du crime de banqueroute frauduleuse. Il en est ainsi surtout lorsque, dans un interrogatoire antérieur, l'accusé a formellement refusé de s'expliquer sur le fait de banqueroute simple, et qu'il a entendu sans réclamation le

[1] Loc. cit., p. 615.

président poser au jury la question unique relative à la banqueroute frauduleuse.

Faits connexes. — Supposons qu'un individu soit accusé à la fois d'un crime pour lequel l'extradition a été accordée et d'un délit connexe; la cour d'assises pourra-t-elle connaître de ce délit? Il faut, croyons-nous, distinguer selon que les deux faits sont ou non indivisibles. Sans doute, comme le fait remarquer M. Faustin Hélie[1], la seule connexité d'un délit avec un fait qualifié crime n'est pas un motif suffisant d'étendre la juridiction jusqu'au délit, car la connexité ne suppose pas en général l'indivisibilité de la procédure. C'est aussi ce que décide une lettre adressée par le Ministre de la Justice au procureur général de la cour de Douai, improuvant un arrêt de la cour d'assises du Pas-de-Calais du 25 février 1861 : « Il est de « règle, dit le Garde des Sceaux, qu'un accusé livré « par un gouvernement étranger ne peut être mis en « jugement que pour le fait même qui a motivé son « extradition, et qu'en cas d'acquittement sur ce fait, « il doit être immédiatement reconduit à la frontière « pour y être mis en liberté. La connexité du délit avec « le fait principal ne saurait motiver une exception « à cette règle qui a toujours été scrupuleusement « suivie entre la France et la Belgique. » En consé- quence, le Ministre ordonna que l'accusé condamné pour abus de confiance, mais acquitté sur le chef de banqueroute frauduleuse, sur lequel seul l'ex- tradition avait été accordée, fût reconduit en liberté à la frontière.

[1] loc. cit., p. 520.

Mais nous pensons qu'il doit en être autrement si les deux faits sont le résultat d'une même action et s'ils ne peuvent être séparés sans scinder une procédure indivisible. Alors en effet le crime et le délit se confondent dans un même fait, et c'est à raison de ce fait, considéré dans toute sa criminalité que l'extradition a été accordée. Telle est l'opinion de M. Faustin Hélie.

La question s'est présentée en 1838 dans les circonstances suivantes : un étranger, nommé Hittinghausen, prévenu du crime d'empoisonnement commis en France et réfugié en Belgique, avait été livré au gouvernement français en vertu de la convention du 19 décembre 1831 qui ne permettait l'extradition des malfaiteurs entre les deux pays que pour des faits de nature à motiver une peine afflictive et infamante. La chambre d'accusation ayant renvoyé cet accusé devant la cour d'assises, non-seulement à raison du crime d'empoisonnement, mais encore à raison d'un vol simple connexe à ce crime, un pourvoi fondé sur la violation du traité fut formé devant la Cour de cassation. Cette exception devait-elle être accueillie ? La Cour de cassation, par son arrêt du 18 mai 1838, s'est bornée à déclarer que l'exception que le demandeur prétendait tirer du traité entre la France et la Belgique, ne pouvait être proposée que lors de l'exécution de l'arrêt de renvoi devant la cour d'assises saisie de l'accusation, et par conséquent qu'elle ne pouvait motiver la cassation de cet arrêt de renvoi. La question est donc restée entière.

Conformément à la distinction que nous avons proposée, il fallait examiner si le délit de vol et le crime d'empoisonnement étaient ou non indivisibles. Le vol par exemple avait-il été le but de l'empoisonnement? Dans ce cas, les deux infractions se confondant dans une même action, il était impossible de les scinder. Si au contraire, elles n'étaient pas indivisibles, le prévenu ne devait être mis en jugement qu'à raison du crime d'empoisonnement.

Suivant un arrêt de la Cour de cassation du 28 avril 1844 (affaire Coupé), lorsque l'extradition a été autorisée pour crime de banqueroute frauduleuse, l'extradé déclaré coupable de ce crime a pu être déclaré en outre coupable des délits de banqueroute simple et d'escroquerie pour d'autres faits reconnus constants par le jury, sans qu'il en résulte une violation du traité d'extradition, si d'ailleurs il n'a été fait application au condamné que de la peine la plus forte encourue par ces crimes et délits, alors même que des circonstances atténuantes auraient été admises en faveur du condamné. Cet arrêt nous paraît sujet à critique; en effet, ce n'est pas seulement l'application de la peine qui est interdite par les conventions pour un délit non spécifié dans l'acte d'extradition, c'est le jugement lui-même et la condamnation. Or, la cour d'assises dans l'espèce en question a jugé le prévenu puisqu'elle l'a déclaré coupable. Il y avait donc lieu de la part de l'accusé d'invoquer les termes de l'acte d'extradition, puisque selon la circulaire ministérielle de 1841 la connexité d'un délit avec le crime principal n'est pas une raison suffisante pour les juger tous les deux ensemble.

Nous verrons plus loin quel peut être l'effet du consentement donné par le prévenu à sa mise en juge-

ment pour les faits connexes au crime ayant motivé
l'extradition.

§ 3.

LA LÉGALITÉ DE L'EXTRADITION DOIT ÊTRE APPRÉCIÉE SUR LE TITRE ORIGINAIRE DE LA POURSUITE.

C'est sur le titre originaire de la poursuite ou de
l'accusation, et non sur la qualification que le fait a
reçue dans l'arrêt de condamnation, que la légalité
de l'extradition doit être appréciée. Cette règle a été
appliquée dans une espèce où l'accusé, livré à raison
d'une accusation de complicité de banqueroute frauduleuse et de faux en écriture de commerce, n'avait été
condamné que pour faux en écriture privée. La Cour
de cassation a rejeté son pourvoi : « Attendu que, si
» par l'effet de la déclaration du jury, les chefs d'accu-
» sation portant sur les faux en écriture de commerce,
» ont été dépouillés du caractère commercial, et n'ont
» plus constitué en définitive que des faux en écriture
» privée qui ont servi de base à l'arrêt de condamna-
» tion, il n'en est pas moins constant que le titre origi-
» naire de l'accusation d'après lequel l'ordre d'extra-
» dition a été délivré était le crime de complicité de
» faux en écriture de commerce, et que le genre de
» crime est textuellement spécifié dans les traités
» existant entre la France et la confédération Helvéti-
» que ; qu'il résulte des termes de l'article du traité du
» 18 juillet 1828 que l'extradition doit avoir lieu entre
» les deux États, non-seulement contre des Français

« ou des Suisses déclarés juridiquement coupables
» dans leurs pays respectifs des crimes spécifiés dans
» ledit article, mais encore contre ceux qui seraient
» poursuivis comme tels en vertu de mandats d'arrêt ;
» qu'il suit de là que c'est sur le titre originaire de la
» poursuite ou de l'accusation, et non pas seulement
» d'après la qualification légale plus ou moins grave
» que le crime a reçue dans l'arrêt de condamnation,
» que la légalité de l'extradition doit être appréciée. »
(Arrêt du 1er février 1845. — Affaire Wolff-Crombach.)

Ainsi, un prévenu livré pour un crime n'est puni
que d'une peine correctionnelle par suite de l'admission
en sa faveur de circonstances atténuantes, ou bien le
jury ayant écarté les circonstances aggravantes, le fait
sort encore des débats avec un caractère purement
correctionnel. Dans les deux cas le jugement ne laisse
pas d'avoir son effet, quoique le fait qualifié crime
dans l'acte d'accusation ait été réduit à l'état de délit
par l'arrêt définitif. En effet, de ce que l'extradition a
été accordée sur l'accusation d'un crime, peut-on
soutenir qu'elle ne vaut qu'autant que la peine de ce
crime aura été prononcée? Ne doit-on tenir aucun
compte des chances favorables des débats? Entend-on
refuser au condamné le bénéfice des circonstances
atténuantes et mettre le jury dans l'alternative de
prononcer des peines trop rigoureuses ou un acquittement immérité?

Cette opinion est combattue par M. Billot [1]. « L'extra-
» dition, dit-il, a été accordée pour un fait déterminé ;
» si la qualification en est changée, c'est que le fait

<hr>

[1] Loc. cit., p. 346.

» lui-même est reconnu autre que celui qui avait été
» indiqué dans la demande d'extradition. Ce serait
» aller contre les intentions du pays de refuge, ce
» serait violer la convention diplomatique que de pro-
» céder au jugement de l'accusé sur un chef qui, sous
» sa qualification exacte, n'aurait pas motivé l'extradi-
» tion. » Sans doute, l'extradition n'a été accordée que
pour un fait déterminé ; aussi, lorsque c'est la poursuite elle-même qui reçoit une modification essentielle,
et qu'au fait qui a motivé l'extradition, l'accusation
en substitue un autre, nous pensons que l'extradé ne
saurait être jugé sur ce chef d'accusation. Ce serait
enfreindre la règle que nous avons posée au paragraphe précédent, et qui défend de mettre l'accusé en jugement pour une infraction autre que celle qui a motivé l'extradition. Ce serait favoriser les demandes
détournées d'extradition pour des cas non prévus par
les traités. Il y aurait là, comme le dit très-bien
M. Billot, violation de la convention diplomatique.

Mais on ne doit pas assimiler ce cas à celui où les
poursuites étant conformes à l'acte d'extradition, il
arrive que l'accusé parvient à se disculper d'une portion de l'accusation, et que le fait se trouve ainsi passible d'une peine moindre que celle qui le menaçait.
Telle est l'opinion de M. Faustin Hélie[1] : « La déclara-
« tion des circonstances atténuantes, dit-il, en faisant
« descendre la peine, ne change pas la nature du fait ;
« et, d'ailleurs, c'est à raison de ce fait, quelle que
« soit la qualification qu'il reçoive du jugement, que
« l'extradition a été accordée. Ce dernier motif s'ap-

[1] Loc. cit. p. 721.

« plique encore au cas où, par suite d'une déclaration
» négative sur les circonstances aggravantes, le fait sort
» des débats avec un caractère purement correction-
» nel ; car, si la convention a limité la mise en juge-
» ment à ce seul fait, la même restriction n'existe point
» pour la qualification qui est nécessairement aban-
» donnée au juge. »

Il peut arriver qu'au cours de l'instruction, une nouvelle infraction commise antérieurement à l'extradition
vienne à être relevée à la charge de l'accusé. Ainsi
que nous l'avons vu[1], la circulaire ministérielle de
1841 décide qu'une nouvelle demande d'extradition
doit être adressée par le gouvernement requérant au
pays de refuge. En effet, en demandant et en obtenant
l'extradition du fugitif pour certaines infractions déterminées, le gouvernement a pris implicitement l'engagement de ne pas le laisser poursuivre pour un
autre fait, il ne peut évidemment étendre l'extradition
de sa propre autorité au chef découvert ultérieure-
ment ; ce serait s'ériger en seul juge de la validité de
cette extradition. Quant au pouvoir judiciaire qui,
ainsi que nous le savons, ne doit poursuivre et juger
l'accusé livré que pour les faits qui ont motivé l'extradition, il n'a pas à surseoir aux poursuites ni au jugement au cas où une nouvelle infraction vient à être
découverte pendant l'instruction. Il doit purement et
simplement considérer l'accusé comme absent, pour
le chef d'accusation découvert postérieurement à l'extradition.

Le traité de 1850 avec l'Espagne est le premier qui

[1] Voy. p. 191.

fasse mention de la nécessité d'obtenir l'autorisation
du gouvernement qui a accordé l'extradition, pour
poursuivre l'accusé pour un fait non compris dans
l'acte d'accusation. C'est dans le traité du 29 novembre
1869 avec la Bavière que la disposition est exprimée
pour la première fois d'une manière complète. L'article 9 est ainsi conçu : « L'individu extradé ne sera ni
» poursuivi, ni puni pour crimes, ou délits autres que
» ceux dont il a été fait mention dans la requête d'ex-
» tradition à moins que ces crimes et délits ne soient
» prévus à l'article 2, et que le gouvernement qui a
» accordé l'extradition ne donne son consentement,
» ou à moins de consentement exprès et volontaire
» donné par l'inculpé et communiqué au gouvernement
» qui l'a livré. » La même clause figure dans les traités
conclus en 1870 avec la Suisse et l'Italie.

<h2 style="text-align:center">§ 1.</h2>

<h3 style="text-align:center">LES QUESTIONS D'EXTRADITION NE PEUVENT ÊTRE UNE
CAUSE DE SURSIS AU JUGEMENT.</h3>

Il ne s'agit pas dans ce paragraphe des exceptions
que l'extradé peut élever sur la validité de l'extradition ;
nous examinerons la question à la section II. Par conséquent, quand nous disons que les tribunaux ne peuvent examiner la validité de l'extradition de l'accusé
pour décider s'il y a lieu de surseoir au jugement, nous
leur refusons ce droit non pas à cause du défaut de
qualité de l'accusé pour critiquer son extradition, mais
bien à cause de leur propre incompétence à cet égard.

Nous sommes sur ce point en désaccord avec
M. Faustin Hélie. « La cour d'assises, dit l'éminent
» criminaliste [1], est investie en cette matière du même
» pouvoir qu'elle exercerait à l'égard d'une question
» préjudicielle dont le jugement appartiendrait à une
» autre juridiction. Elle doit donc examiner si l'excep-
» tion est sérieuse, si elle est de nature à suspendre la
» mise en jugement, si l'accusé est admissible à la
» faire valoir en sa faveur, si elle est proposée dans
» l'intérêt légitime de la défense. Toutes ces apprécia-
» tions rentrent dans le cercle de sa compétence ; elle
» peut donc, après avoir examiné la fin de non rece-
» voir, si elle la juge dénuée de fondement, passer
» outre au jugement. Mais si au contraire cette excep-
» tion lui paraît fondée, si le fait qui lui sert de base
» a un caractère grave, et peut constituer une fin de
» non-recevoir, contre la mise en jugement, *la cour*
» *d'assises doit surseoir aux débats, jusqu'à ce qu'il*
» *ait été statué par l'autorité compétente.* Or, cette
» autorité compétente, c'est celle qui a consenti la con-
» vention qu'il s'agit de restreindre ou d'étendre ; c'est
» celle qui est investie du droit de faire des traités
» avec les puissances étrangères ; car seule, elle peut,
» soit connaître la pensée qui a dicté la convention,
» soit provoquer les explications que la question acci-
» dentelle peut rendre nécessaires. »

M. Faustin Hélie cite à l'appui de son opinion un arrêt de la Cour de cassation du 4 septembre 1840 (affaire Darmenon), d'où il résulte que la cour d'assises
doit surseoir toutes les fois que le fait allégué, lui pa-

[1] *Loc. cit.*, p. 713 et suiv.

raissant constituer une exception sérieuse, touche à l'interprétation de la convention diplomatique en vertu de laquelle l'extradition a eu lieu. D'autre part, s'appuyant sur le même arrêt, la circulaire ministérielle de de 1841 dit : « Quand on soutient devant un tribunal, » ou qu'une extradition est irrégulière, ou qu'elle est » interprétée dans un sens, soit trop favorable, soit » préjudiciable à l'inculpé, le tribunal doit surseoir » jusqu'à ce que le gouvernement ait fait connaître sa » décision. » Disons encore qu'un arrêt de la Cour de cassation a été rendu dans le même sens le 15 mars 1822, et que cette opinion est partagée par MM. Mangin [1] et Berriat Saint-Prix [2].

Malgré ces autorités incontestables, nous pensons que le principe de la séparation des pouvoirs s'oppose à ce que les tribunaux sursoient au jugement afin qu'il soit statué sur l'exception par le pouvoir exécutif, car ils ne pourraient le faire sans apprécier et interpréter sous un certain rapport l'acte d'extradition. M. Faustin Hélie dit, en effet, que la cour d'assises doit examiner si l'exception tirée du vice ou de l'illégalité de l'extradition est sérieuse ou non. Or, comment pourra-t-elle se livrer à cet examen sans faire acte d'interprétation et d'appréciation? C'est justement ce pouvoir d'interprétation que nous lui avons refusé, et M. Faustin Hélie nous paraît se contredire lui-même, car il le lui a refusé également.

D'un autre côté, en remettant l'accusé au pouvoir judiciaire, l'administration n'a-t-elle pas attesté la ré-

[1] Loc. cit., p. 778 et suiv.
[2] *De l'exécution des jugements et arrêts*, § 23, n° 121.

gularité et la validité de l'extradition? Pourquoi donc
demander au gouvernement une appréciation faite
déjà par lui? L'arrêt de sursis, ainsi que le fait remarquer M. Ducrocq[1], ne sera-t-il pas la manifestation
éclatante de l'opinion affirmative des magistrats sur
l'illégalité de l'extradition? Ne préjugera-t-il pas la
décision à intervenir, et ne pèsera-t-il pas sur l'appréciation qu'on dit cependant appartenir au gouvernement d'une manière exclusive? Ne sera-t-il pas
« une mise en demeure signalée à grand bruit par
l'autorité judiciaire à l'autorité administrative? »

La jurisprudence est aujourd'hui fixée à cet égard.
L'arrêt de la Cour de cassation du 31 juillet 1845 (affaire Bastianési), décide que « la mise en jugement
» de l'extradé ayant été ordonnée par l'autorité com-
» pétente, il ne dépendait pas de la cour d'assises de
» ne pas procéder au jugement de l'accusation dont
» elle était légalement saisie. » L'arrêt du 18 juillet
1851 (affaire Viremaître), et celui du 23 décembre 1852
(affaire Dareau), sont positifs en ce sens. Le premier
s'exprime ainsi : « Attendu que par le seul fait de la
» remise au gouvernement français de l'accusé extradé,
» les tribunaux français sont légalement investis du
» droit de prononcer sur l'accusation portée contre
» lui, attendu qu'en rejetant dans ces circonstances la
» demande en sursis présentée par Viremaître, et mo-
» tivée sur l'illégalité prétendue par lui de son extra-
» dition, la cour d'assises n'a point commis d'excès de
» pouvoir ni violé les droits de la défense; qu'elle a
» fait, au contraire, une saine application du principe

[1] Loc. cit., p. 38 et suiv.

» et des règles relatifs à l'extradition. » Le second arrêt dispose que « Dareau est non-recevable à arguer de
» la nullité de son extradition, et qu'en refusant de
» surseoir à son jugement par ces motifs, la cour im-
» périale d'Alger a fait une saine application des prin-
» cipes en cette matière. » Enfin, l'arrêt de la cour
d'assises de la Vienne du 3 décembre 1866 (affaire Lamirande), mérite de fixer l'attention d'une manière
toute particulière. Il est ainsi conçu : « Attendu que
» par le fait même de la remise d'un accusé à ses
» juges naturels, le gouvernement impérial consacre
» la régularité de son extradition, et que cette dé-
» cision qui rentre dans la compétence exclusive du
» pouvoir exécutif, ne peut être l'objet d'aucun re-
» cours. »

La doctrine adoptée par la circulaire ministérielle de
1841, a été de même abandonnée dans les circulaires
ou dépêches ministérielles postérieures. La dépêche de
1866 adressée au procureur général près la Cour de
Poitiers, dit que les tribunaux français étant incompétents pour résoudre les questions diplomatiques, ces
questions « ne peuvent, par conséquent, être débat-
» tues utilement devant eux. » La dépêche adressée
au procureur général de la Cour de cassation le
4 juillet 1867 (affaire Renneçon-Charpentier), que nous
avons déjà citée, reproduit le même système, ainsi que
la circulaire ministérielle du 30 juillet 1872, qui décide
que « l'autorité judiciaire puise dans la seule remise
» de l'inculpé, renvoyé régulièrement devant elle, les
» pouvoirs nécessaires pour le juger, sans les réserves
» consenties par le gouvernement français envers le
» gouvernement étranger. » C'est dire implicitement,

nous semble-t-il, que les tribunaux n'ont pas à surseoir lorsqu'une exception est soulevée contre l'acte d'extradition.

§ 5.

LES TRIBUNAUX NE SONT PAS COMPÉTENTS POUR ORDONNER LE RENVOI DE L'EXTRADÉ A LA FRONTIÈRE.

Nous savons qu'il peut se faire que l'extradé soit acquitté sur le chef d'accusation pour lequel l'extradition a été obtenue et que cependant il soit encore sous le coup d'une autre accusation, mais que l'extradition n'ait pas été obtenue pour ce chef. Il est évident que le laisser en liberté serait lui permettre de braver impunément les lois qu'il a violées. D'un autre côté, il ne peut être jugé pour l'infraction dont l'acte d'extradition ne fait pas mention. Le seul moyen d'éviter le scandale et de se conformer en même temps à l'acte d'extradition est de le faire reconduire à la frontière.

Seule, l'autorité administrative est compétente pour ordonner cette mesure. C'est une règle aujourd'hui universellement reconnue. Un arrêt de la Cour de Paris du 1er février 1867 (affaire Rennecon-Charpentier), avait ordonné que l'extradé serait reconduit à la frontière belge où il serait mis en liberté. Mais l'arrêt fut cassé par la Cour de cassation le 4 juillet 1867, conformément aux réquisitions du procureur général, qui donna lecture à l'audience d'une lettre du Ministre de la Justice, dont voici un passage : « Un dernier excès » de pouvoir résulte de la disposition de l'arrêt ordon-

» nant que Renneçon sera reconduit à la frontière
» belge expressément désignée, où il s... mis en li-
» berté. La Cour aurait été logique en se déclarant
» incompétente pour juger contradictoirement le pré-
» venu, mais elle ne pouvait pas prescrire à l'admi-
» nistration les mesures qu'elle a édictées. » L'arrêt
de la Cour de cassation décide « qu'aucune loi n'au-
» torise les Cours et Tribunaux à prescrire qu'un pré-
» venu, qu'ils considèrent comme détenu en dehors
» des conditions stipulées par les traités d'extradition,
» sera reconduit à la frontière de la puissance qui l'a
» livré, pour y être mis en liberté ; qu'une telle mesure
» est dans les attributions exclusives de l'administra-
» tion. »

De même, le 21 mai 1867, la Cour de Paris avait
rendu un autre arrêt dans l'affaire Faure de Monginot,
confirmant un jugement du tribunal de la Seine. Cet
arrêt portait que « sur la partie du jugement ordon-
» nant que Faure de Monginot sera reconduit à la
» frontière où il sera mis en liberté ; considérant qu'il
» existait un contentieux entre Faure de Monginot,
» qui demandait à être reconduit à la frontière, et le
» ministère public qui concluait à ce qu'il fût retenu
» et jugé, que le tribunal devait statuer sur ce conten-
» tieux ; qu'en décidant que Faure de Monginot serait
» mis en liberté à la frontière belge, il n'a pas plus
» excédé ses pouvoirs qu'en ordonnant que les portes
» de la prison s'ouvriraient devant un prévenu détenu
» ou acquitté ; que la force des choses exige que Faure
» de Monginot ne soit mis en liberté qu'à la frontière ;
» qu'autrement, s'il était remis en liberté en France,
» il pourrait être arrêté immédiatement en vertu d'un

» mandat d'arrêt, et qu'il ne pourrait plus se refuser à
» être jugé. »

L'arrêt dit qu'il y avait un contentieux exigeant une
décision judiciaire, sans laquelle l'accusé acquitté
pourrait être arrêté à sa sortie de prison et perdrait
le droit de refuser un jugement contradictoire. Mais
la question contentieuse était seulement de savoir s'il
y aurait jugement en état de détention, ou bien élar-
gissement et jugement par défaut. Aussi l'arrêt fut
cassé le 25 juillet 1867 par la Cour de cassation, pour
les mêmes motifs que l'arrêt du 1er février 1867.

Les tribunaux ne peuvent donc, sans commettre
d'excès de pouvoir, ordonner le renvoi du prévenu à
la frontière. C'est un empiétement sur les pouvoirs du
gouvernement sous un double rapport : d'abord la
mesure est administrative, comme le reconnaît la jurisprudence relativement à l'envoi d'un prévenu de
mendicité dans un établissement spécial. De plus, il s'a-
git de l'exécution d'une convention diplomatique
d'extradition ; or, cette exécution appartient essentiellement au gouvernement, et aucun officier de police judiciaire ne peut se permettre d'entraver cette mesure gouvernementale.

SECTION II. — DE LA SITUATION DE L'EXTRADÉ.

Nous venons d'examiner quels sont les droits et les
obligations des tribunaux ; il s'agit maintenant de déterminer quels sont ceux de l'extradé. Nous les résume-
rons dans les deux propositions suivantes :

1° L'extradé ne peut, en aucune façon, critiquer l'extradition dont il a été l'objet ;

2° Il peut demander à être jugé sur tous les chefs d'accusation relevés à sa charge.

§

L'EXTRADÉ NE PEUT, EN AUCUNE FAÇON, CRITIQUER L'EXTRADITION DONT IL A ÉTÉ L'OBJET.

Un accusé ne saurait puiser dans sa fuite sur un territoire étranger aucun droit qui lui soit personnel et qu'il puisse opposer à la justice de son pays. Telle n'est pas l'opinion de M. Faustin Hélie : « Lorsqu'un » Français, réfugié en pays étranger, dit-il[1], a été ré- » clamé par la France et lui a été livré, ce prévenu » traduit devant nos tribunaux peut élever des excep- » tions fondées, soit sur l'illégalité de l'acte qui l'a li- » vré, soit sur les termes restrictifs ou conditionnels » de cet acte.... Supposons que le prévenu ait été vio- » lemment saisi sur le territoire étranger par des » agents de la force publique française, ou qu'il ait été » livré par quelque autorité subalterne à l'insu des » deux gouvernements. Supposons encore que le fait » à raison duquel le prévenu est mis en accusation ne » soit pas celui qui a motivé son extradition. Comment » dénier à l'accusé la faculté de faire valoir dans le » premier cas le fait violent et frauduleux qui a ame- » né son arrestation ; dans le second cas, les termes

[1] Loc. cit., p. 705.

» conditionnels de la convention qui a autorisé son
» extradition ? Est-ce que tout accusé n'a pas le droit
» d'exciper dans l'intérêt de sa défense de toutes les
» violations des règl   légales commises à son préju-
» dice ? »

M. Faustin Hélie cite à l'appui de son opinion un arrêt de la Cour de cassation du 9 mai 1845 affaire Lau-
gé, portant en termes exprés « que l'accusé traduit
» devant la cour d'assises de l'Ariége avait droit d'in-
» voquer la nullité de l'acte par suite duquel il avait
» arrêté sur le territoire neutre de l'Andorre et livré
» à la justice française. » L'arrêt ajoute que le silence
que l'accusé aurait gardé sur ce point jusqu'aux débats sur ces illégalités ne le priverait pas de ce droit.
D'autres arrêts de la Cour de cassation ont également
reconnu ce droit aux extradés : tels sont deux arrêts
des 15 mars et 16 juin 1822 ; tel est aussi un arrêt du
18 mai 1838 portant que si l'exception tirée de l'illégalité de l'extradition ne doit exercer aucune influence
sur l'arrêt de mises en accusation, elle peut, au contraire, « être proposée devant la cour d'assises saisie
de l'accusation. »

Nous n'hésitons pas cependant à condamner cette
doctrine abandonnée d'ailleurs depuis 1845 par la
Cour de cassation. La fuite du malfaiteur et son arrivée sur le sol étranger ne peuvent lui créer un droit ;
sans compter que la reconnaissance d'un droit que l'extradé puiserait dans sa fuite, serait, pour les malfaiteurs, un encouragement à fuir la justice de leur pays,
il est certain que l'extradition s'accomplissant en vertu
d'un contrat passé entre deux puissances souveraines,
cet acte ne peut créer de droits et d'obligations qu'au

profit et à la charge de ces deux puissances. L'individu extradé n'est pas partie dans le contrat. Il ne peut
donc s'en prévaloir en quelque manière que ce soit.
Sa fuite en pays étranger a seulement pour conséquence, ainsi que le dit M. Ducrocq[1], « de mettre en
« présence deux souverainetés, celle qui réclame le
« fugitif et qui n'a pas d'action sur le territoire où
« il s'est réfugié, celle qui le reçoit sur son sol ou
« l'arrête et le livre suivant les traités qui la lient, ses
« convenances, la nature de ses relations et les dis-
« positions de sa législation intérieure relative aux
« étrangers. L'extradition ne doit pas aggraver et
« elle n'aggrave pas la position de l'extradé par rap-
« port à ce qu'elle était au jour de sa fuite; il a les
« mêmes droits, les mêmes juges, les mêmes voies de
« recours.... Mais il ne peut pas non plus y puiser
« un droit qu'il n'avait pas en quittant le sol de son
« pays, il ne peut avoir conquis ce droit en passant la
« frontière. »

M. Billot[2] dit de son côté : « Au point de vue de
« la justice et de l'utilité sociale, un tel droit ne se
« justifierait pas davantage. Serait-il juste de laisser
« le malfaiteur assez habile pour avoir passé la fron-
« tière, revendiquer une position privilégiée qui serait
« refusée à son complice moins heureux ? Ne serait-ce
« pas une sorte de prime offerte aux délinquants, pour
« les engager à se soustraire au jugement ? Ne serait-
« ce pas enfin un spectacle immoral et dangereux que
« celui d'un extradé dictant des conditions à la justice

[1] Loc. cit., p. 21.
[2] Loc. cit., p. 35.

» de son pays, pouvant profiter et s'enorgueillir de
» l'habileté qu'il aurait déployée pour s'assurer l'im-
» punité ? »

Dans l'affaire Lamirande l'objection suivante a été posée par la défense : La dépêche de M. le Garde des Sceaux prétend que Lamirande ne doit être jugé que sur les chefs pour lesquels l'extradition a été accordée et non pour les autres à moins qu'il n'y consente. M. le Garde des Sceaux et le ministère public lui reconnaissent donc un droit résultant pour lui de l'extradition? — On peut répondre que le ministère public en requérant que l'extradé ne soit jugé que sur les chefs pour lesquels l'extradition a été accordée, n'agit pas, ainsi qu'on pourrait le croire au premier abord, dans l'intérêt de l'extradé. C'est parce que les tribunaux doivent appliquer purement et simplement, tel qu'il est, l'acte d'extradition. Or la restriction dont il s'agit est la condition expresse de l'extradition consentie. L'extradé en profitera, c'est possible, mais il est certain qu'elle n'a pas été stipulée dans son intérêt. Il ne saurait donc être admis à s'en prévaloir.

Ainsi que nous l'avons dit, la jurisprudence est depuis longtemps ralliée à ce système. Un arrêt de la Cour de cassation du 11 mars 1847 affaire Cruveille porte : « Sur le second moyen, tiré de ce que le deman- » deur s'étant réfugié en pays étranger, il y aurait eu » extradition avant toute mise en accusation, avant » même toute prise de corps, attendu que Cruveille » est sans qualité pour attaquer sous le rapport de la » forme l'extradition dont il s'agit, ... » Deux arrêts postérieurs de la même Cour sont encore plus formels, en ce sens que l'on pourrait peut-être concevoir dans l'arrêt de 1847 la pensée d'une distinction entre les moyens tirés de la forme et ceux tirés du fond. Cette distinction est complétement exclue par ces nouveaux arrêts. L'un, en date du 18 juillet 1851 (affaire Viro-maître) décide que l'accusé livré en vertu des traités d'extradition ou en vertu d'un acte de la volonté du gouvernement sur le territoire duquel il s'était réfugié, n'a aucun titre pour réclamer contre l'extradition autorisée par ce gouvernement. L'autre, en date du 23 décembre 1852 (affaire Darcau), porte que l'extradé « est non recevable à arguer de nullité » l'extradition dont il a été l'objet. Ces deux arrêts ont une généralité qui dénie absolument dans tous les cas à l'accusé le droit de critiquer son extradition.

C'est aussi dans ce sens que la cour d'assises de la Vienne rendit son arrêt dans l'affaire Lamirande. Cet arrêt, remarquable par la fermeté de sa rédaction et la solidité de sa doctrine est ainsi conçu : « Attendu » que les traités d'extradition sont des actes de haute » administration intervenus entre deux puissances » dans un intérêt général de moralité et de sécurité » sociales, que les formes et les conditions en sont ré- » glées non au profit des accusés, qui ne peuvent par » leur fuite à l'étranger se créer un privilége contre la » justice de leur pays, mais au point de vue des néces- » sités internationales ou des convenances réciproques » des gouvernements. »

Un arrêt de la cour d'assises de la Charente du 8 mai 1867 (affaire Ottesson) décide de même que « la » loi ne donne aucun droit à l'accusé de réclamer » dans cette enceinte contre l'extradition. » Citons enfin un arrêt de la Cour de cassation du 20 juillet

1867 (affaire Guérin); il porte « que l'accusé livré à
« la justice de son pays, en vertu des traités ou con-
« ventions, par le gouvernement sur le territoire
« duquel il s'était réfugié, n'a aucun titre pour récla-
« mer contre l'extradition dont il a été l'objet. »

Ce système est adopté également dans la lettre
ministérielle du 25 novembre 1866, lue au procès Lamirande, et dans celle qui a été communiquée à la Cour
de cassation le 1 juillet 1867 à l'occasion de l'affaire
Rennecon-Charpentier. Cette dernière porte en termes
exprès que « un malfaiteur n'a pu acquérir par sa
« fuite aucun titre légal contre la justice de son pays.
« .... Reconnaître un droit à l'accusé, ce serait
« admettre qu'il peut se faire le champion de l'État
« étranger, qu'il peut négocier avec lui et avec nous,
« qu'il serait admis à invoquer jusqu'aux nullités de
« la procédure suivie en pays étranger. »

Notre doctrine est donc solidement établie, et nous
ne saurions partager l'avis de M. Bertauld qui pense
qu'on peut concilier sinon les motifs de solution, au
moins les solutions elles-mêmes des arrêts de la Cour
de cassation antérieurs et postérieurs à 1845. « Si
« l'irrégularité de l'extradition est telle, dit-il[1], qu'elle
« implique que la souveraineté du pays de refuge n'a
« pas consenti à livrer le prévenu, et qu'il soit possi-
« ble de penser qu'il a été enlevé par force ou par sur-
« prise, il y a là une exception qui fait obstacle au
« jugement. Mais si au contraire il y a preuve de
« l'adhésion de la souveraineté du droit de laquelle
« l'accusé excipe, qu'importe que cette preuve soit

[1] *Cours de Code pénal.*

» conforme aux conditions des traités ou des usages ?
» Du moment où elle est certaine, elle ne peut pas
» être sérieusement contestée. » Cette explication nous
paraît inadmissible ; il vaut mieux reconnaître fran-
chement que la Cour de cassation a modifié sa jurisprudence et qu'après avoir concédé à l'extradé le droit
de contester la validité de son extradition, elle a fini
par lui dénier ce droit dans tous les cas.

Et non-seulement nous ne reconnaissons pas à
l'extradé le droit de demander la nullité de son extradition, mais nous lui refusons même le droit de demander qu'il soit sursis aux poursuites ou au jugement
jusqu'à ce que l'autorité compétente ait statué sur la
portée de l'extradition. C'est une conséquence évidente
de ce que la fuite de l'individu livré ne lui a créé aucun
droit nouveau. C'est ce que dit fort bien M. Ducrocq[1] :
« Dans un cas, l'extradé dit à la justice : vous ne me
» jugerez pas ! Dans l'autre cas il lui dit : vous ne me
» jugerez pas en ce moment ! Ce n'est qu'une diffé-
» rence du plus au moins, car c'est toujours dans sa
» fuite qu'il prétend trouver le droit de tenir l'un ou
» l'autre langage. »

En répondant à l'objection soulevée par les défenseurs de Lamirande, alléguant que c'était reconnaître
au prévenu un droit résultant pour lui de l'extradition
que de dire qu'il ne devait être jugé que sur les chefs
pour lesquels l'extradition avait été accordée, nous
avons dit que ce n'était pas dans l'intérêt de l'extradé,
mais bien dans l'intérêt de l'exacte application du
traité que le ministère public requérait la mise en ju-

[1] loc. cit., p. 38.

gement de l'extradé sur les seuls chefs d'accusation
ayant motivé l'extradition. Nous avons donc à peine
besoin d'ajouter que nous refusons complétement à
l'extradé le droit de demander à n'être jugé que sur
certains chefs d'accusation.

Nous lui refusons également le droit de demander
son renvoi à la frontière en cas d'acquittement sur les
chefs visés dans l'acte d'extradition. Nous avons vu
que les tribunaux étaient incompétents pour ordonner
ce renvoi. L'extradé ne saurait donc en aucune façon
leur adresser une semblable demande. Seule l'autorité
administrative a plein pouvoir à cet égard.

§ 2.

L'EXTRADÉ PEUT DEMANDER A ÊTRE JUGÉ SUR TOUS LES CHEFS D'ACCUSATION RELEVÉS A SA CHARGE.

Nous avons vu que les tribunaux ne devaient juger
l'extradé que sur les chefs d'accusation ayant motivé
l'extradition. Mais ces restrictions apportées à l'extradition ne peuvent-elles pas disparaître par suite du
consentement de l'extradé lui-même? Nous pensons
que oui et nous n'admettons pas que l'acte d'extradition soit un acte de la puissance publique tellement
rigoureux qu'il ne puisse recevoir de modifications
avec le consentement ou sur la demande de l'accusé.
Nous ne voyons aucun principe d'ordre public qui s'y
oppose. Sans doute, en passant la frontière, le fugitif
n'a pu acquérir aucun droit ; mais aussi sa fuite n'a
pu lui en faire perdre aucun ; or, c'est un droit pour

tout inculpé d'être jugé sur tous les faits qui lui sont reprochés. Ce consentement donné par l'accusé n'est que l'application de la règle d'après laquelle l'extradé a le droit d'exiger que sa position ne soit pas rendue pire par sa fuite. Le principe de la séparation des pouvoirs ne saurait s'y opposer. « Sans doute, dit » M. Ducrocq [1], nous admettons bien en règle générale » que l'adhésion d'un prévenu ne peut modifier les » règles de la compétence, ni l'exécution d'une con- » vention dans laquelle il n'a pas été partie ; mais nous » soutenons que l'exécution de cette convention ne » peut lui nuire, en ce sens qu'elle puisse lui enlever, » lorsqu'il se trouve en présence de la justice de son » pays, un droit qui appartiendrait à tout autre accusé. » Ce droit c'est celui de purger en entier, s'il y trouve » son avantage, l'arrêt de mise en accusation dans les » liens duquel il se trouve. »

Ce principe est admis aujourd'hui dans la pratique et on commence toujours par demander à l'extradé s'il consent à être jugé sur tous les chefs d'accusation ; on dresse un procès-verbal de son consentement et on en envoie copie à l'État requis. Mais tel n'a pas toujours été l'avis de la Chancellerie. La circulaire de 1841 ne s'expliquait pas sur ce point, et ce silence permet de présumer que, dans la pensée du Ministre de la Justice en 1841, le consentement donné par l'ex- tradé était inefficace. En 1843, la cour d'assises du Pas-de-Calais ayant, par arrêt du 15 février, prononcé, à raison du consentement de l'accusé, sur un fait non compris dans l'acte d'extradition, le Garde des Sceaux

[1] Loc. cit., p. 71.

improuva énergiquement cette décision et invita le procureur général à se concerter avec l'autorité administrative pour que l'accusé acquitté sur le fait qui avait motivé l'extradition fût, malgré sa condamnation sur un autre fait au sujet duquel il avait consenti à être jugé, reconduit immédiatement à la frontière pour y être mis en liberté. « Il est certain, dit dans le même » sens M. Faustin Hélie[1], que l'adhésion du prévenu » ne peut modifier ni les règles de la compétence ni » l'exécution d'une convention dans laquelle il n'a pas » été partie. »

M. Legraverend[2] pense au contraire que le consentement de l'extradé à être jugé sur tous les chefs de l'accusation, autorise les tribunaux à prononcer. C'est l'opinion qu'a consacrée un arrêt de la Cour de cassation du 24 juin 1847 (affaire Pascal). Cet arrêt décide que le président des assises en avertissant les jurés et l'accusé aussitôt après la lecture de l'acte d'accusation et de l'arrêt de renvoi, qu'il ne serait procédé au jugement que pour les faits en raison desquels l'extradition avait eu lieu, et en ne posant aucune autre question au jury, avait fait une juste application du principe sur l'extradition. Il porte en outre : « Attendu qu'au » moment où le président de la cour d'assises a donné » cet avertissement aux jurés et à l'accusé, ce dernier » n'a élevé aucune réclamation à cet égard ; qu'il n'a » pas non plus, ainsi qu'il en avait le droit, présenté » à la cour d'assises des demandes ou conclusions » tendantes à être jugé sur tous les chefs d'accusation

[1] Loc. cit., p. 720.
[2] *Législation criminelle*, t. I, p. 113.

» compris dans l'arrêt de renvoi, et à ce que, nonobs-
» tant la limitation de l'acte d'extradition, il fût procédé
» aux débats et à la position des questions au jury
» sur le délit de banqueroute simple; qu'il a donc
» ainsi virtuellement consenti et acquiescé à ce que
» les débats et la position des questions fussent cir-
» conscrites dans les limites de l'acte d'extradition ;
» d'où il suit que le président de la cour d'assises a
» pu restreindre les questions qu'il a posées au jury à
» celles qui avaient été l'objet de la demande en extra-
» dition et de l'acte qui l'a ordonnée. »

La Chancellerie elle-même a abandonné son premier
système et la dépêche ministérielle adressée en 1866
au procureur général de la Cour de Poitiers affaire
Lamirande, se termine par ces mots : « Vous devrez
» vous conformer à la convention diplomatique et à
» mes instructions, en requérant que l'accusé ne soit
» jugé que sur le chef de faux, *à moins qu'il n'accepte*
» *volontairement la décision du jury sur les autres*
» *points.* » La cour d'assises de la Vienne confirma
cette doctrine en disant « que l'extradé ne peut être
» jugé contradictoirement par la cour d'assises que sur
» les chefs d'accusation pour lesquels son extradition
» a été accordée, à moins qu'il ne consente expressé-
» ment à être jugé sur tous les chefs compris dans
» l'arrêt de mise en accusation. »

L'arrêt de la cour d'assises du Pas-de-Calais de 1843,
l'arrêt de la Cour de cassation de 1847 et celui de la
cour d'assises de la Vienne de 1866 admettent donc
tous également l'efficacité du consentement de l'extradé.
Cette efficacité est encore reconnue dans la dépêche
ministérielle communiquée, le 4 juillet 1867, à la Cour

de cassation. Il en est fait mention également dans l'article 10 du traité du 29 avril 1869 entre la France et la Belgique, ainsi conçu : « L'individu qui aura été » livré ne pourra être poursuivi ou jugé contradictoi- » rement pour aucune infraction autre que celle ayant » motivé l'extradition, à moins de consentement exprès » et volontaire donné par l'inculpé et communiqué au » gouvernement qui l'a livré. » Des dispositions sem- blables se trouvent dans les traités du 29 novembre 1869 avec la Bavière, du 12 janvier 1870 avec la Suisse, du 12 mai 1870 avec l'Italie, dans la nouvelle convention du 15 août 1874 avec la Belgique, et dans celle du 8 juillet 1870 avec la principauté de Monaco.

SECTION III. — DE L'EXTRADITION VOLONTAIRE.

Un individu a été l'objet d'une arrestation provisoire à l'étranger. Au lieu d'attendre l'accomplissement des formalités nécessaires pour que la demande d'extradi- tion soit faite et accordée, il consent à être livré immé- diatement à l'État requérant. Il peut y avoir intérêt, soit parce qu'il espère un jugement favorable, soit parce qu'il désire abréger sa détention provisoire. Il n'y a pas de raison pour que le pays de refuge mette obstacle à cette demande. Il est alors livré à l'État re- quérant sans autre formalité. C'est ce qu'on appelle *l'extradition volontaire*. Ce cas est prévu dans la cir- culaire du ministre de la justice du 12 octobre 1875. Donc pas de difficulté sur la possibilité de cette extra- dition ; il s'agit seulement de savoir quels en sont les effets.

Dans une première opinion, le consentement du fugitif a simplement supprimé la nécessité des formalités et l'accusé se trouve dans la même situation que s'il avait régulièrement extradé. La conséquence, c'est qu'il ne peut pas en principe être jugé sur des faits autres que ceux qui ont motivé l'arrestation provisoire. C'est en effet le gouvernement du pays de refuge qui a procédé à la recherche et à l'arrestation du fugitif, sur la demande de l'autre gouvernement ; s'il a livré le prévenu, ce n'est pas seulement parce que celui-ci le demandait, c'est aussi parce qu'il était persuadé que le prévenu ne serait jugé que sur les chefs d'accusation indiqués sur le mandat d'arrêt produit à l'appui de la demande d'arrestation provisoire. Le gouvernement requérant n'ayant fait aucune réserve à cet égard, s'est implicitement engagé à ne poursuivre le prévenu que sur ces chefs.

Dans une autre opinion, le gouvernement se trouve en présence d'un individu qui s'est volontairement constitué prisonnier. Il n'a donc pas à tenir compte des conditions qu'il aurait dû observer, si le prévenu lui avait été livré en vertu d'une extradition régulière. L'individu peut donc être jugé sur tous les faits qui lui sont reprochés. Et, en effet, c'est dans l'acte d'extradition que sont contenues les restrictions imposées à cette extradition. Le fugitif se livre lui-même ; par conséquent, il n'y a pas, à proprement parler, d'extradition. Le gouvernement requérant n'a pris aucun engagement envers le gouvernement requis ; où donc celui-ci puiserait-il le droit de s'opposer à ce que le prévenu soit jugé sur tous les chefs de l'acte d'accusation ? La constitution vo-

lontaire du fugitif doit être considérée comme équi-
valente au consentement qu'il aurait pu donner, s'il
avait extradé régulièrement, à être jugé sur tous ces
chefs.

M. Duverdy[1] a proposé un troisième système. Il
pense que seul le gouvernement étranger a compétence pour décider si, lorsque ses agents ont remis un
inculpé aux autorités françaises, il a ou non entendu
accomplir une extradition. « Pour éviter le conflit qui
« peut se produire entre deux gouvernements, dit-il,
« il est plus sage de décider que dans le doute sur la
« portée de la remise d'un individu dont l'arrestation
« ou l'extradition avait été d'abord demandée, c'est au
« gouvernement qui a opéré la remise de l'accusé, à
« déclarer si cet accusé doit être considéré comme s'é-
« tant constitué prisonnier volontairement ou comme
« ayant été livré par voie d'extradition. » On peut répondre avec M. Billot[2] qu'il est difficile d'admettre que
la puissance requérante soit tenue à des obligations
qu'elle n'a ni connues ni acceptées au moment où le
fugitif lui a été livré, et de reconnaître à la puissance
requise le droit d'imposer ces obligations à une autre
puissance souveraine.

Quant à l'opinion qui consiste à dire que le consentement du fugitif a simplement supprimé les formalités
de l'extradition, et que cette extradition volontaire doit
avoir tous les effets d'une extradition régulière, elle
ne nous satisfait pas non plus. C'est encore reconnaître au gouvernement requis le droit d'imposer au gou-

[1] *Gazette des tribunaux*, du 8 août 1867.
[2] *Loc. cit.*, p. 378.

vernement requérant des obligations qui ne peuvent résulter que d'un libre accord de volontés. Le système auquel nous nous rallions est donc celui qui permet aux tribunaux de juger le prévenu pour tous les faits qui lui sont reprochés, tout en reconnaissant qu'il est un peu rigoureux d'assimiler l'extradition volontaire à l'acte d'un fugitif qui vient librement se constituer prisonnier, et qu'il serait plus logique de laisser aux deux gouvernements le soin de s'entendre pour déterminer les effets de l'extradition volontaire.

Quoi qu'il en soit, ce dernier système est celui de la Cour de cassation qui a eu occasion de l'appliquer plusieurs fois. Au mois de septembre 1866, un commerçant nommé Rennecon-Charpentier, ayant abandonné ses affaires et s'étant réfugié en Belgique, ses créanciers le firent déclarer en faillite et une inculpation de banqueroute frauduleuse ayant paru résulter des premières vérifications, un mandat d'arrêt fut décerné contre lui et transmis aux autorités belges. Sur ces entrefaites, il demanda à être livré à la justice française sans remplir toutes les formalités d'une extradition régulière, ce qui eut lieu. Son interrogatoire devant le juge d'instruction français ayant fait disparaître l'inculpation de banqueroute frauduleuse, il fut renvoyé pour banqueroute simple devant le tribunal correctionnel. Là, il soutient préjudiciellement qu'étant inculpé de banqueroute frauduleuse, il n'avait demandé à être livré que pour venir combattre cette inculpation de crime, qu'il n'y avait eu de sa part aucun consentement relatif à la prévention de banqueroute simple, qu'en conséquence on devait lui rendre sa liberté ou le faire reconduire à la frontière belge comme au cas d'une accusation suivie d'acquittement. Le tribunal pensa que, s'il y avait consentement déjà prouvé, un doute subsistait sur sa portée, et il sursit à statuer sur l'exception jusqu'à ce que copie de la demande d'extradition ait été produite.

Sur l'appel du ministère public, la Cour de Paris décida qu'il ne pouvait être tenu de produire une pièce se trouvant entre les mains des autorités étrangères, que le sursis serait indéfini et nécessitait une infirmation avec évocation. Puis, examinant les documents produits et s'attachant au principe sur les extraditions limitées, elle considéra qu'il y avait inculpation de banqueroute frauduleuse, arrestation pour cette cause seule et demande d'extradition pour ce crime seulement, lorsqu'était intervenu le consentement du réfugié, qui se bornait à demander qu'on le livrât immédiatement pour qu'il se justifiât de cette inculpation ; qu'ainsi l'extradition opérée sans accomplissement de toutes les formalités préalables avait été limitée à l'inculpation de banqueroute frauduleuse, et que sa limitation s'opposait à ce que l'extradé fût retenu pour être jugé sur le chef de banqueroute simple. Les motifs de l'arrêt justifient cette solution en établissant un consentement efficace quant à l'objet de l'extradition sans les formes, et, d'autre part, l'absence de consentement constaté pour ce qui était en dehors de l'acte d'extradition. L'arrêt remarque en outre que l'interrogatoire devant le juge d'instruction n'a point porté sur le chef de banqueroute simple et qu'il n'y a pas eu consentement de la part de l'accusé à être jugé sur ce fait.

Cet arrêt fut dénoncé à la Cour de cassation. C'est

au début de l'audience que le procureur général donna
lecture de la lettre du Ministre de la Justice dont nous
avons déjà cité plusieurs passages. Citons encore ceux-
ci : « Les conséquences de ce retour volontaire de
» Renneçon au point de vue de sa situation judiciaire
» paraissent fort simples et légalement indiscutables.
» Le gouvernement français ne peut pas consentir à
» pactiser avec les coupables présumés qui se sont
» soustraits par la fuite à l'action de la justice française,
» il traite seulement avec la puissance étrangère dont
» il invoque les bons offices, à charge de réciprocité et
» conformément aux traités qui prévoient une conces-
» sion bénévole dérogeant aux droits rigoureux de la
» souveraineté. Il ne pouvait y avoir dans le retour de
» Renneçon qu'un fait de constitution volontaire inspiré
» au fugitif par son devoir, comme citoyen justiciable
» de nos tribunaux, ou par son intérêt bien entendu,
» comme inculpé. Il n'y avait pas eu en effet de de-
» mande définitive d'extradition puisque les résultats
» de l'information étaient encore inconnus.... L'extra-
» dition ne peut être poursuivie avec la personne du
» contumax, et il est évident que tant que l'information
» n'est pas complète, si un gouvernement s'abaissait
» jusqu'à accepter du fugitif une soumission condition-
» nelle et limitée à tel ou tel chef de prévention, il se
» lierait les mains et ne pourrait plus poursuivre les
» autres crimes alors inconnus que l'information vien-
» drait lui révéler. Ainsi en fait et en droit, il était
» impossible de supposer que le retour de Renneçon
» en France put être considéré comme un cas d'appli-
» cation du traité. Une extradition régulièrement dé-
» battue entre la France et la Belgique était le seul

« acte qui pût créer des obligations réciproques entre
« les deux nations. »

Le 4 juillet 1867 la Cour de cassation infirma l'arrêt
de la Cour de Paris : « Attendu que Remuçon, rentré
« en France par un effet de sa propre initiative, est
« sans droit pour se plaindre de l'inobservation des
« conditions applicables au cas d'extradition. »

Une affaire analogue fut jugée la même année. Inculpé de banqueroute frauduleuse et de complicité d'abus de confiance, un nommé Faure de Mongiuot, s'était réfugié en Belgique et y avait été arrêté d'après un mandat d'arrêt décerné contre lui par un juge d'instruction de Paris, et une demande d'extradition faite en vertu du traité de 1834. Pour éviter la prolongation de sa détention provisoire, Faure de Mongiuot demanda au gouvernement belge qu'on le livrât immédiatement aux autorités françaises, ce qui eut lieu le 16 novembre, après ordre du Ministre de la Justice belge. L'instruction en France produisit une ordonnance de non-lieu quant à la banqueroute frauduleuse et un renvoi en police correctionnelle sur le chef d'abus de confiance, sans que le prévenu excipât de ce qu'il n'avait point été livré pour le délit. Cette exception ne fut produite qu'à l'audience du tribunal correctionnel et la défense, invoquant les principes de l'extradition, repoussa l'objection qui serait tirée d'un consentement donné au jugement correctionnel, parce qu'il n'y avait pas eu consentement exprès et spontané. Le ministère public se borna à soutenir que ce consentement existait et qu'en principe cela autorisait le jugement. Le tribunal admit l'exception par un jugement en date du 29 mars 1867.

Le ministère public interjeta appel et le jugement fut confirmé par la Cour de Paris le 24 mai 1867. Voici quelques passages de l'arrêt confirmatif : « Considé- » rant que les faits présentent tous les caractères d'une » extradition ; que la demande formée par Faure de » Monginot de ne pas attendre l'accomplissement com- » plet des formalités exigées pour l'extradition, ne peut » changer la nature de l'acte international qui est inter- » venu ; qu'en réalité Faure de Monginot a été arrêté » à Bruxelles et livré aux autorités françaises malgré » sa volonté et que le consentement qu'il a donné n'a eu » d'autre objet que d'abréger les délais qui pouvaient » prolonger sa détention et retarder sa remise aux au- » torités françaises, remise à laquelle il pensait ne » pouvoir se soustraire ; qu'il suit de ce qui précède » que Faure de Monginot a été livré aux autorités » françaises par suite d'une extradition et que les prin- » cipes qui régissent l'extradition doivent lui être ap- » pliqués ; qu'ainsi l'extradition n'ayant été accordée » que pour le crime de banqueroute frauduleuse, Faure » de Monginot ne peut être jugé dans l'état où il se » trouve sur les délits d'escroquerie et d'abus de » confiance qui lui sont reprochés, sauf à procéder » contre lui par défaut ou autrement s'il y a lieu..... »

Cet arrêt fut également dénoncé à la Cour de cassation et cassé par elle le 25 juillet 1867 pour les mêmes motifs que l'arrêt rendu par la Cour de Paris dans l'affaire Renneçon-Charpentier.

La doctrine de la Cour de cassation est donc bien établie. Telle n'est pas celle de la Belgique. Le gouvernement belge adhérait, en effet, complètement au système de Renneçon-Charpentier et de Faure de

Mompinot. Il y eut une discussion à cet égard dans la
Chambre des représentants de Belgique et des négociations entre la Belgique et la France furent enta-
mées. On ne put pas s'entendre. Seulement, quand un
individu est arrêté en Belgique sur une requête d'extradition adressée par la France, et qu'il demande à
être livré tout de suite, on l'avertit des conséquences
de cette extradition volontaire.

Tels sont les effets de l'extradition ; tels sont les
droits et les obligations des tribunaux ; tels sont ceux
de l'extradé. Nous avons ainsi terminé l'examen de
cette théorie de l'extradition qui, ainsi que le dit
M. Ducrocq à la fin de sa remarquable étude, nous a
montré en présence et sur un même terrain, liées
entre elles par les points de contact les plus étroits,
trois branches de notre droit public, le droit international, le droit criminel et le droit administratif, se
heurtant d'abord, puis se combinant pour faire un ensemble qui ne manque pas d'harmonie, et dans lequel
les droits souverains de l'État trouvent leur place légitime, sans porter atteinte aux garanties inviolables
que le droit commun assure à l'accusé, les uns et les
autres placés sous la libre sauvegarde de l'autorité
judiciaire.

Il ne nous reste plus qu'à dire un mot de quelques
procédures accessoires et à examiner ensuite de quelle
façon l'extradition est réglée dans quelques pays
étrangers.

CHAPITRE VII.

DE QUELQUES PROCÉDURES ACCESSOIRES.

Ces procédures accessoires sont généralement précisées dans les traités d'extradition, mais elles peuvent se produire indépendamment de l'extradition.

1. *Commissions rogatoires*. — D'après les articles 83 et 84 du Code d'instruction criminelle, lorsque des témoins résident hors du canton ou hors de l'arrondissement où se poursuit l'instruction, le juge d'instruction pourra commettre le juge de paix de leur canton ou le juge d'instruction de leur arrondissement à l'effet de recevoir leurs dépositions, et il lui enverra des notes et instructions qui feront connaître les faits sur lesquels les témoins devront déposer. D'après l'article 90 du même Code, si les papiers ou les effets dont il y aura lieu de faire la perquisition sont hors de l'arrondissement du juge d'instruction, il requerra le juge d'instruction du lieu où l'on peut les trouver, de procéder aux opérations que prescrivent les articles précédents. Ces réquisitions, adressées par un magistrat à un autre magistrat, sont ce qu'on appelle des *commissions rogatoires*.

On comprend l'utilité que peut offrir l'emploi des commissions rogatoires adressées à une autorité judiciaire étrangère ; il peut, en effet, y avoir grand intérêt à obtenir la déposition d'un témoin actuellement établi à l'étranger. Mais le tribunal qui reçoit une commission rogatoire d'un tribunal étranger n'est pas tenu d'y donner suite si une loi spéciale ou un traité diplomatique ne l'y oblige. Aussi des clauses relatives aux commissions rogatoires font le plus souvent partie des traités d'extradition. Ces stipulations créent, pour les magistrats du pays requis l'obligation d'exécuter le mandat émané de l'autorité judiciaire étrangère; de plus, elles assurent aux deux pays une complète réciprocité.

Les commissions rogatoires sont envoyées par voie diplomatique. Elles ne peuvent être données que pour des faits pour lesquels l'extradition serait admise. Elles sont exécutées par le magistrat étranger conformément à la législation de son pays. Les frais devraient rigoureusement être supportés par l'État qui transmet la commission rogatoire, mais généralement on convient de les faire supporter à l'État requis. Il s'établit une sorte de compensation.

II. *Comparutions de témoins.* — Il peut arriver que la déposition écrite du témoin ne suffise pas et que sa présence même soit nécessaire. On emploie alors des mesures qui ont pour but d'amener ce qu'on appelle la *comparution du témoin.* La transmission de l'acte de citation est faite par voie diplomatique. L'État sur le territoire duquel se trouve le témoin, se charge de lui transmettre la citation et de l'engager à s'y rendre, mais il ne l'y contraint pas. Celui-ci est libre de se décider; il comparait ou ne comparait pas, selon qu'il le juge convenable. L'État requis lui facilite d'ailleurs les moyens de répondre à la citation. Une indemnité de déplacement lui est allouée et l'autorité du lieu où il est domicilié doit, sur sa demande, lui avancer le montant de cette indemnité. Elle est ensuite remboursée par le gouvernement réclamant. Le témoin pourrait redouter que l'instruction ne vînt à démontrer sa complicité ; aussi on lui assure qu'on ne le poursuivra pas, dans le pays requérant, pour quelque infraction antérieure ou pour l'infraction même qui a motivé la citation.

III. *Confrontations de détenus.* — Un gouvernement peut avoir intérêt à obtenir la remise momentanée d'un accusé ou d'un condamné détenu dans un pays étranger pour le confronter avec un autre individu. C'est ce qu'on appelle la *confrontation de détenus*. Le détenu ainsi livré ne peut être ni recherché, ni jugé contradictoirement pour une infraction antérieure à sa remise ou pour complicité dans le fait dont il s'agit. Il n'est mis que temporairement à la disposition du pays requérant qui doit le restituer dès que sa présence n'est plus nécessaire.

IV. *Communications de pièces.* — De même un gouvernement peut demander à un autre gouvernement de lui remettre des documents dont la communication est jugée utile pour la solution d'un procès criminel. Il y a lieu alors à *communication de pièces*.

La demande de communication de pièces, ainsi que celle de confrontation de détenus, est adressée au gouvernement étranger par voie diplomatique, et le gouvernement requérant doit s'engager à restituer le criminel livré ou les objets communiqués.

V. Notifications d'actes. — Enfin, il peut se faire qu'un individu, à qui doivent se faire des *notifications d'actes* prescrites par la loi, se trouve en pays étranger. Des stipulations conventionnelles chargent les autorités du pays où réside cet individu du soin de cette notification. Mais la demande n'a pas besoin d'être adressée par voie diplomatique; l'acte à notifier n'est pas davantage transmis par cette voie. Les autorités judiciaires des deux pays correspondent directement entre elles. C'est dans le traité d'extradition franco-belge de 1869 (article 11) que se trouve le premier exemple de semblables stipulations.

APPENDICE

DE QUELQUES LÉGISLATIONS ÉTRANGÈRES EN MATIÈRE D'EXTRADITION

Nous avons vu que le but des traités d'extradition était la protection mutuelle et réciproque des gouvernements contre les malfaiteurs et les criminels. Ce but a son origine dans un besoin que ressentent également toutes les sociétés. Mais les moyens par lesquels on peut l'atteindre ne sont pas identiques. Il ne suffit pas en effet qu'un traité d'extradition ait été conclu et qu'il soit exécuté. Son exécution même est, nous le savons, de la part de la puissance qui s'y livre, un acte de souveraineté au premier chef. Mais si une nation a le droit et le devoir de réprimer le mal, elle a non moins impérieusement le droit et le devoir de respecter sa propre législation qui est le fruit de ses mœurs, de ses habitudes, qui correspond à ses traditions. Or, il est impossible qu'elle accomplisse cet acte de souveraineté qu'on appelle l'arrestation d'un individu quel qu'il soit, sans se conformer aux principes de cette

législation, et c'est un fait indiscutable que cette
variété de législations auxquelles il est indispensable
de se conformer dans l'exécution des actes d'extradition.

Nous savons maintenant quelle est la législation de
notre pays ; examinons rapidement quelle est celle de
la Belgique, de l'Angleterre et des États-Unis. Ce ne
sera pas, croyons-nous, un travail inutile que de
signaler ainsi les différences qui séparent ces législations de la nôtre.

1. *Belgique*. — Les relations de la France avec la
Belgique en matière d'extradition ont été réglées pendant
trente-cinq ans par la convention du 22 novembre 1834.
Ce traité fut complété le 22 septembre 1856 par une
convention additionnelle ayant pour objet de comprendre au nombre des crimes passibles d'extradition
l'attentat contre la personne d'un souverain étranger.
Ces deux conventions ont été remplacées par le traité
du 29 avril 1869, qui lui-même l'a été par le traité du
15 août 1874 ; c'est celui qui préside actuellement aux
rapports des deux pays.

En Belgique, la matière des extraditions est régie
à la fois par la loi et par les traités. La loi fixe les
principes auxquels le gouvernement doit se conformer
dans la conclusion des traités. Elle trace en outre des
règles qui doivent être suivies pour la concession de
l'extradition dans un cas donné. La loi actuellement
en vigueur est du 15 mars 1874. C'est la quatrième qui
ait été rendue sur ce sujet ; une première loi du
1er octobre 1833 avait énuméré les cas relativement peu
nombreux dans lesquels l'extradition pouvait être

accordée; elle avait été remplacée par une loi du 5 avril 1868 conçue dans un esprit plus favorable aux extraditions et dont les dispositions essentielles ont été maintenues par la loi nouvelle. Une loi du 1er juin 1870 avait ajouté à la liste des faits autorisant l'extradition le fait de recel des objets provenant des crimes et délits énumérés. La loi du 15 mars 1874 remplace les lois antérieures abrogées entièrement à l'exception de l'article 6 de la loi de 1868 qui défend de poursuivre un étranger pour délit politique antérieur à l'acte d'extradition et pour tout crime ou délit non prévu par la présente loi. Quant aux conditions générales de l'extradition, elle ne fait guère que formuler les principes admis partout. Elle énumère les faits pour lesquels l'extradition peut être demandée; un traité particulier peut comprendre un nombre de faits moindre, mais il ne peut en comprendre davantage.

A quelles conditions le gouvernement belge accorde-t-il l'extradition? Avant 1874, elle ne pouvait être accordée qu'autant que le gouvernement requérant produisait un jugement de condamnation ou un jugement de la juridiction d'instruction renvoyant le prévenu devant le tribunal correctionnel ou la Cour d'assises. Ainsi que nous l'avons déjà vu[1], la loi de 1874 autorise l'extradition sur la production d'un simple mandat d'arrêt. Il faut seulement qu'il ait été rendu exécutoire par la chambre du Conseil du tribunal de première instance du lieu de la résidence de l'étranger en Belgique ou du lieu où il pourra être trouvé

---

[1] Voy. p. 160.

'article 3.) Dès l'arrestation, le gouvernement prend l'avis de la chambre des mises en accusation de la Cour d'appel dans le ressort de laquelle l'étranger a été arrêté.

L'affaire est jugée par la chambre des mises en accusation comme le serait une question préjudicielle soulevée par l'accusé au début d'un procès criminel. La Cour, en effet, n'a pas à décider si l'accusé est ou non coupable ; son examen porte uniquement sur le point de savoir si la demande d'extradition est régulière, conforme aux dispositions du traité et de la loi sur les extraditions. Elle apprécie le bien ou mal fondé de la demande d'extradition, mais elle ne recherche pas le bien fondé de la poursuite criminelle. En un mot, elle juge la demande et non l'individu réclamé. L'audience est publique, à moins que l'étranger ne réclame le huis-clos. Le ministère public et l'étranger sont entendus. Celui-ci peut se faire assister d'un conseil. C'est donc un débat contradictoire qui a lieu.

Enfin, la Cour donne un simple avis qui ne lie nullement le gouvernement. Celui-ci est tenu de le demander mais non de s'y conformer. Cette intervention de l'autorité judiciaire peut être très utile au gouvernement ; elle le couvre vis-à-vis des gouvernements étrangers. Le système belge est probablement celui qui serait proposé en France si un projet de loi était présenté.

II. *Angleterre.* — Les relations de la France avec l'Angleterre en matière d'extradition sont actuellement régies par le traité du 11 août 1876, qui a remplacé celui du 13 février 1843.

La loi spéciale sur l'extradition en Angleterre date du 9 août 1870 ; elle a été complétée par une loi du 5 août 1873. De tout temps, l'Angleterre a servi d'asile aux réfugiés politiques des divers pays ; c'est sa situation géographique qui lui a permis de jouer le rôle de lieu d'asile. De plus, les étrangers, au point de vue de la liberté individuelle, jouissent en Angleterre d'une situation qui n'existe pour eux dans aucun autre pays. L'*habeas corpus* leur est appliqué, et ils sont entourés de prérogatives particulières qui ne sont pas accordées aux Anglais eux-mêmes. Ainsi, un étranger est-il accusé ? c'est un jury composé à la fois d'Anglais et de nationaux du prévenu qui est appelé à le juger.

Mais ce ne sont pas seulement les vaincus politiques qui trouvent un asile en Angleterre ; les criminels de droit commun viennent aussi y chercher un refuge et ce pays trop hospitalier et trop préoccupé de la pensée qu'on pourrait, sous la qualification de criminels de droit commun, lui demander l'extradition de réfugiés politiques, a souvent confondu les uns avec les autres. Aussi, à la fin du XVIIIe siècle, l'Angleterre était-elle le seul pays qui se refusât absolument à livrer les malfaiteurs étrangers en fuite sur son territoire. Ce n'est qu'en 1802, par le traité d'Amiens, que la Grande-Bretagne se résolut à entrer dans le concert des nations européennes, et accepta, sous des conditions déterminées, d'autoriser l'extradition des malfaiteurs étrangers. Mais ces stipulations n'ont jamais été mises à exécution, le traité lui-même resta peu longtemps en vigueur, et jusqu'en 1843, aucune extradition ne fut effectuée entre l'Angleterre et la France.

Le traité de 1843 est curieux à rapprocher du traité

de 1870; on voit ainsi le progrès accompli par le principe de l'extradition. Ce traité ne prévoit que trois crimes pouvant motiver l'extradition : ce sont le meurtre, le faux et la banqueroute frauduleuse. On reconnut qu'on ne pouvait pas en rester là ; aussi l'acte du Parlement de 1870 contient en annexe une énumération de faits pour lesquels l'extradition est accordée; on y remarque outre le meurtre, le faux et la banqueroute frauduleuse, le vol, le viol, l'enlèvement, le vol d'enfants, le fait de s'introduire dans une maison habitée à l'aide d'effraction ou de fausses clefs pour commettre un crime, l'incendie, les menaces par lettres ou autrement dans le but d'extorquer de l'argent, la piraterie d'après le droit des gens, la perte d'un navire en pleine mer en le faisant couler, l'agression à bord d'un navire en pleine mer, la révolte par deux ou plusieurs personnes à bord d'un navire en pleine mer.

L'acte de 1870 n'a pas seulement eu pour objet d'étendre l'extradition en donnant une large énumération des crimes qui pourraient la motiver ; c'est un véritable code de procédure embrassant les extraditions dans le Royaume-Uni et dans ses possessions coloniales. Tout y est minutieusement réglé. Une disposition spéciale excepte de l'extradition les infractions d'un caractère politique, ce qui est un notable progrès sur le traité de 1843 qui ne dit pas un mot des délits politiques.

L'acte de 1873 est venu compléter celui de 1870. La liste des crimes, pour lesquels l'extradition peut être demandée et accordée, a reçu une nouvelle extension et a été mise en rapport avec les réformes introduites dans le droit pénal anglais. L'acte de 1873 indique comme pouvant donner lieu à extradition tous les crimes qualifiés « *indiscutables*, » c'est-à-dire de la compétence du jury. De plus, il comprend les complices parmi ceux qui pourront être l'objet d'une extradition.

Ces deux actes laissaient subsister de grandes difficultés pratiques de procédure qui tenaient principalement à la différence capitale qui existe entre les idées anglaises et françaises concernant la juridiction à laquelle il doit appartenir de réclamer et décider l'extradition. En effet, tandis qu'en France nous regardons ce droit comme un attribut du pouvoir administratif, on le considère en Angleterre comme appartenant essentiellement au pouvoir judiciaire. De là, des conflits, des retards, des malentendus incessants, et, en fin de compte, presque toujours, l'impuissance de la justice et l'impunité des coupables.

La nouvelle convention conclue en 1876, a pour but de remédier à cet état de choses. Elle s'applique tant aux territoires proprement dits qu'aux colonies et aux autres possessions des deux pays.

A quelles conditions l'extradition est-elle accordée par l'Angleterre ? A condition que les lois du pays où le fugitif sera rencontré justifient de sa détention et de sa mise en jugement, en supposant le crime commis dans ce pays. Avant de procéder à l'extradition, on exige le rapport d'un juge commis pour entendre le fugitif sur les faits mis à sa charge par le mandat d'arrêt. L'extradition ne doit donc être obtenue qu'après une instruction poursuivie par un magistrat anglais, de la même manière que si le fait s'était passé en Angleterre. Il doit y avoir un débat oral, pu-

blic, contradictoire. Il ne s'agit pas seulement, comme
en Belgique, de vérifier si la demande est régulière,
et le fait est prévu par le traité, mais bien de voir si le
fait, s'étant passé en Angleterre, il conviendrait de
mettre son auteur en accusation.

Voici donc comment se fait une demande d'extradition : la requête est adressée au secrétaire d'État des
affaires étrangères ; celui-ci se livre à un premier examen qui porte exclusivement sur le point de savoir si
le fait a ou non un caractère politique. S'il pense que
oui, la procédure ne va pas plus loin. Si, au contraire,
il regarde le fait comme une infraction de droit commun, il transmet l'affaire à un magistrat. C'est le magistrat seul qui peut ordonner l'arrestation de l'individu réclamé. Il est à remarquer qu'en cas d'urgence,
l'arrestation pourrait être requise d'office par un magistrat de la police, avant que l'affaire ait été examinée
par le secrétaire d'État. Supposons l'arrestation opérée. La demande d'extradition est alors examinée par le
magistrat, qui fait porter son examen sur trois points :
1° le fait est-il politique ? 2° le fait est-il, d'après la législation anglaise, passible d'extradition ? 3° les preuves de culpabilité fournies par l'État réclamant, justi-
fieraient-elles, dans le cas où le fait se serait passé en
Angleterre, la mise en accusation du malfaiteur fugitif ? C'est ce dernier point qui est surtout remarquable.
Il en résulte que quand on demande une extradition à
l'Angleterre, il ne suffit pas de lui envoyer un mandat
d'arrêt, il faut lui communiquer tous les éléments de
preuve qui ont déterminé la mise en accusation du
prévenu. Le juge anglais peut alors examiner le fond
même de l'affaire.

Voici en quels termes est conçu l'article 8 du nouveau traité de 1876 : « Les mandats, les dépositions,
» les déclarations sous serments, délivrés ou recueillis
» dans les États de l'une des hautes parties contrac-
» tantes, les copies de ces pièces, ainsi que les certifi-
» cats ou les documents judiciaires établissant le fait
» de la condamnation, seront reçus comme preuve dans
» la procédure des États de l'autre partie, s'ils sont
» revêtus de la signature ou accompagnés de l'attesta-
» tion d'un juge, d'un magistrat ou d'un fonctionnaire
» du pays où ils ont été délivrés ou recueillis, pourvu
» que ces mandats, dépositions, déclarations, copies,
» certificats et documents judiciaires *soient rendus
» authentiques par le serment d'un témoin*, ou par le
» sceau officiel du Ministre de la Justice ou d'un autre
» Ministre d'État. »

Si le juge anglais reconnaît la demande fondée, il ordonne le maintien de l'individu en arrestation et l'avertit que dans tous les cas, il ne sera pas extradé avant quinze jours. Ce délai lui est accordé pour qu'il puisse interjeter appel devant le *Tribunal du banc de la Reine* et y demande l'*habeas corpus*. C'est ensuite au secrétaire d'État qu'il appartient de faire opérer la remise du prévenu à l'autorité étrangère.

S'il s'agit d'une personne condamnée, la marche de la procédure sera la même que dans le cas d'une personne accusée, sauf que le cas d'un mandat à transmettre par l'ambassadeur français à l'appui de la demande d'extradition, énoncera clairement le fait pour lequel la personne réclamée aura été condamnée et mentionnera le lieu et la date du jugement. La preuve à produire devant le magistrat de police sera telle, que, d'après la loi anglaise, elle établirait que le prisonnier a été condamné pour l'infraction dont on l'accuse.

Les condamnés par jugement par défaut ou arrêt de contumace sont, au point de vue de la demande d'extradition, réputés accusés et livrés comme tels.

Telles sont les formalités exigées par la législation anglaise. Mais jusqu'en 1865, la convention de 1843 est restée, de la part de l'Angleterre, à l'état de lettre morte; jamais elle n'a reçu une application, une exécution quelconque; jamais le juge anglais ne s'est décidé à reconnaître soit l'identité du prévenu, soit la gravité des preuves, et pas une seule extradition n'a été autorisée de 1843 à 1865. Aussi, en 1865, la France dénonça le traité. L'opinion publique s'émut de cet état de choses et on envoya à Paris le premier magistrat de la police de Londres, pour se rendre compte de la procédure criminelle française. Il revint en Angleterre dans des dispositions très-favorables, et, en 1866, quatre demandes d'extradition furent accordées par l'Angleterre. On convint de proroger la dénonciation du traité ; des prorogations successives eurent lieu ainsi d'année en année jusqu'au mois d'août 1876, la nouvelle reconduction devant prendre fin le jour où le traité du 14 août 1876 entrerait en vigueur.

III. *États-Unis*. — Le traité actuellement en vigueur entre la France et les États-Unis date du 9 novembre 1843. C'est dire qu'il est très-succinct. Il ne prévoit que l'assassinat, le faux, l'incendie, les soustractions commises par des dépositaires publics; il n'admet pas l'extradition pour des faits antérieurs au traité. Il a été complété depuis par deux articles additionnels : le premier, du 24 février 1845, a pour objet d'ajouter à la nomenclature des actes passibles d'extradition les crimes de *robbery* et de *burglary* (espèces particulières de vols qualifiés) ; le second, du 10 février 1858, est également destiné à étendre l'application du traité originaire à un certain nombre de crimes spécialement déterminés, qui n'y étaient pas prévus.

La matière de l'extradition est régie dans le droit public interne des États-Unis par trois actes législatifs : le premier du 12 août 1848 ; le deuxième du 22 juin 1860 ; le troisième du 3 mars 1869.

C'est le pouvoir judiciaire qui est chargé, comme en Angleterre, de statuer sur les demandes d'extradition formées par les gouvernements étrangers. Ce sont aussi les mêmes pièces qui doivent être communiquées. Il faut noter seulement une particularité : le magistrat compétent doit être saisi par une plainte portée contre l'individu réclamé. Il faut donc que l'État requérant constitue un délégué spécial, chargé de soutenir le procès. Cela est très-gênant ; aussi demande-t-on très-rarement une extradition aux États-Unis. L'examen de l'affaire a lieu ensuite de la même façon qu'en Angleterre ; il porte également sur le fond même de l'affaire. La voie de l'appel est ouverte au prévenu qui peut demander l'*habeas corpus*.

Quant aux frais, c'est le pays requérant qui les supporte. Ils sont encore bien plus considérables qu'en Angleterre. Voici quelques chiffres éloquents que nous empruntons à l'ouvrage de M. Billot[1] : en 1870, le gouvernement suisse demanda aux États-Unis l'extra-

---

[1] *Loc. cit.*, p. 241.

dition d'un nommé Farez ; la procédure ne put aboutir, parce que l'inculpé parvint à s'échapper au cours
du procès, mais au point où elle en était arrivée, elle
avait déjà coûté 12,347 fr. 50 c. « Il paraît néanmoins,
» ajoute le conseil fédéral dans son rapport pour 1870,
» que l'affaire a été poursuivie à bon marché, car
» M. le consul de Luze nous a fait observer qu'il con-
» naissait deux demandes d'extradition formulées par
» la France, et qui ont coûté : la première, 38,000 dol-
» lars, et la seconde 20,000 (155,000 et 100,000 fr. ! »
Ces chiffres ne sont pas exagérés. Le procès célèbre
suivi aux États-Unis en 1857, contre les caissiers du
chemin de fer du Nord, n'a pas duré moins de dix mois
et a coûté près de 200,000 fr. Jusqu'à présent, le chif-
fre moyen des dépenses faites pour l'extradition d'un
malfaiteur réfugié aux États-Unis, s'est toujours élevé
de 10 à 15,000 fr.

Au point de vue des garanties assurées au réfugié,
le système de l'Angleterre et des États-Unis est irré-
prochable. Mais, pour peu qu'on se préoccupe de la
situation faite au pays requérant, on peut élever contre
lui les plus sérieuses objections. Que d'embarras, que
d'entraves n'apporte-t-il pas ! Que de difficultés viennent compromettre l'issue de la demande d'extradition !
Il y a là un respect exagéré de la liberté individuelle.
Nous y voyons, en outre, un empiétement de la justice
territoriale ; il est incontestable, en effet, que le juge
naturel d'une infraction est celui du lieu où cette infraction a été commise. Or, en voulant examiner le
fond même de l'affaire, en appréciant la culpabilité du
prévenu, les juges du pays requis s'attribuent une
compétence qu'ils n'ont pas. Nous n'hésitons donc pas

à préférer à ce système celui qui est suivi en Belgique. Il tient le juste milieu entre le système anglais et le système français, et, tout en se préoccupant d'une manière raisonnable de l'intérêt du prévenu et des garanties de la défense, il tient un juste compte des intérêts non moins respectables du pays requérant et de ceux de la société tout entière.

TABLE DES MATIÈRES

DROIT ROMAIN.

INTRODUCTION.

CHAPITRE PREMIER.

CHAPITRE II.

CHAPITRE III.

DROIT CRIMINEL INTERNATIONAL.

CHAPITRE PREMIER.

CHAPITRE II.

CHAPITRE III.

CHAPITRE IV.

POSITIONS

DROIT ROMAIN.

I. — Le *Postliminium* appartient à la fois au *jus gentium* et au *jus civile*.

II. — Entre les peuples fédérés et libres et les Romains il n'y avait pas lieu au *Postliminium* (Loi 7, princ., D., *De Captiv.*).

III. — La loi 5, § 1, D., *De Captiv.*, et la loi 12, princ., eod. tit., ne sont pas contradictoires.

IV. — Pour que le *Postliminium* puisse produire son effet, il faut qu'à son retour de fait le captif joigne l'*animus manendi*.

V. — A l'époque classique et jusqu'à Constantin, la captivité était une cause de dissolution du mariage.

VI. — Si un *paterfamilias* omet dans son testament son fils captif, et que ce fils revienne, le testament est *injustum* et non *ruptum*. (Loi 6, § 1, D., *De injusto rupto* ; — Ulp. *Fragm.* tit. 22, § 16 ; — Gaius, G. II, § 123).

VII. — Dans le cas où un fils de famille impubère est fait prisonnier après son père, la substitution pupillaire laissée par celui-ci s'ouvrira. (Loi 11, § 1, D. *De Capt.* ; — Loi 20, D., *De vulg. et pupill. substit.*).

DROIT CRIMINEL INTERNATIONAL.

I. — Il peut y avoir lieu à extradition, alors même que la présence de l'individu réclamé sur le territoire du pays requis n'est pas volontaire.

II. — Un État ne doit pas livrer ses nationaux.

III. — Le gouvernement sur le territoire duquel le coupable s'est réfugié, peut en accorder l'extradition même s'il appartient à un État tiers, et celui-ci ne peut s'opposer à l'extradition à moins qu'il n'offre de le juger.

IV. — Les traités d'extradition peuvent avoir un effet rétroactif.

V. — C'est d'après la législation du pays requérant que doit être examiné le fait incriminé.

VI. — C'est la prescription, telle qu'elle est établie par les lois du pays requérant, qui doit seule être prise en considération.

VII. — L'attentat contre le chef de l'État doit être considéré comme un crime de droit commun, et non comme un crime politique.

VIII. — Les tribunaux ne doivent juger l'extradé que sur les chefs d'accusation pour lesquels l'extradition a été accordée.

IX. — La légalité de l'extradition doit être appréciée sur le titre originaire de la poursuite.

X. — Les questions d'extradition ne peuvent être une cause de sursis au jugement.

XI. — L'extradé ne peut demander la nullité de l'extradition dont il a été l'objet.

XII. — L'extradé peut demander à être jugé sur tous les chefs d'accusation relevés à sa charge.

XIII. — En cas d'extradition volontaire, le prévenu peut être jugé sur tous les faits qui lui sont reprochés.

DROIT CIVIL.

I. — La possession d'état d'enfant naturel ne prouve

pas la maternité lorsqu'il n'existe point un commencement de preuve par écrit.

II. — L'article 901 constitue une dérogation aux articles 503 et 504.

III. — Dans le cas où le donataire soumis à la réduction est insolvable, son insolvabilité doit être supportée par les donataires subséquents.

IV. — L'article 1449 déroge à l'article 217 et permet à la femme d'aliéner son mobilier dans le sens le plus large du mot.

V. — Sous le régime dotal, le mari, bien qu'ayant l'exercice de toutes les actions possessoires et pétitoires de la femme, ne peut à lui seul, conformément à l'article 818, provoquer le partage définitif d'une succession échue à sa femme.

VI. — Le privilége des créanciers séparatistes sur les immeubles de la succession ne leur confère qu'un droit de préférence et non un droit de suite.

DROIT COMMERCIAL.

I. — L'incompétence des tribunaux civils en matière commerciale est une incompétence *ratione materiæ* et d'ordre public.

II. — Lorsque l'immeuble vendu par les syndics d'une faillite était hypothéqué, le créancier hypothécaire n'a pas le droit de surenchérir.

DROIT DES GENS.

I. — Les souverains ne peuvent être assignés devant un tribunal étranger quand il s'agit d'obligations contractées par eux en qualité de souverains.

II. — L'annexion d'un territoire, dans le cas où ce territoire constituait un État distinct, a effet sur tous les nationaux du pays annexé, abstraction faite du domicile. Au contraire, dans le cas où le territoire annexé était partie intégrante d'un autre État, l'annexion a effet sur tous les individus domiciliés sur le territoire annexé, bien qu'ils n'y soient pas nés.

HISTOIRE DU DROIT.

I. — L'origine des justices seigneuriales est dans les chartes d'immunité.

II. — Le ministère public est une institution toute française.

200 —

Vu par le président de la Thèse,

LÉVEILLÉ.

Vu par le doyen par intérim,

VALETTE.

Vu et permis d'imprimer.

Le vice-recteur de l'Académie de Paris,

A. MOURIER.

VERSAILLES. — IMPRIMERIE CERF ET FILS, 59, RUE DU PLESSIS.